綱澤満昭
Tsunazawa Mitsuaki

島尾敏雄
岡本太郎
橋川文三
深沢七郎
赤松啓介
東井義雄
小林杜人

異端と孤魂の思想

近代思想
ひとつの潮流

JN170634

海風社

異端と孤魂の思想

―近代思想ひとつの潮流―

目次

橋川文三私見

深沢七郎のこと

東井義雄の思想

断片的赤松啓介論

小林杜人と転向

島尾敏雄の故郷観とヤポネシア論

島尾敏雄（シマオ トシオ）1917-1986　作家

1917年（大正6）横浜市で生れる。1943年（昭和18）九州帝国大学を繰上卒業後、1944年（昭和19）10月特攻隊隊長となり、奄美群島加計呂間島に赴任するが出撃を前に終戦。

1946年（昭和21）大平ミホと結婚。その後『出孤島記』で第一回戦後文学賞を受賞し注目を集める。

1955年（昭和30）奄美大島名瀬市に移住。

1958年（昭和33）鹿児島県立図書館奄美分館初代館長。

著作は小説以外に紀行文、ヤポネシア論など多数。

代表作に『死の棘』、『魚雷艇学生』などがある。

国家が創出する幻想としての故郷

そもそも私たちは、故郷とか郷土というものについて、これまでどのようなイメージを抱いてきたか、そしていま抱いているか。

父母がいて、親類縁者がいて、竹馬の友と遊んだ山や川があり、いついかなる時に訪れても自分をあたたかく包んでくれる空間、そういうものとして故郷はあるのか。

しかし、人は現実に、そういう故郷のみを持っているのではあるまい。石塊を投げつけられ、野良犬のごとく追い払われていった人たちにとって、その故郷は憎悪、怨嗟の対象でしかあるまい。二度とこんな場所に誰が帰るか、という鉄のようなかたい決意が彼や彼女をとらえて離さない。借金地獄で万策尽き、闇のなかに消えてゆかざるをえない人たちもいた(1)。

にもかかわらず、私たちの前に登場する一般的なイメージとしての故郷は、山紫水明で形容される桃源郷であり、そこには貧困も苦渋も矛盾もかき消されていて、じつに透明な空間が広がっている。

故郷というものが、それほどまでに美しく、純粋に、聖地として描かれてきたのはなぜか。誰が何のために、それほど美しい擬制としての故郷を創出してきたのか。

それはいうまでもなく、人間らしさを日々抜き取ってゆく張本人が都会であると思う敵意にも似た地方民衆の情念をうまくすくいあげ、非在としての、幻想としての故郷を国家が創出していったからである。国家形成のために共通語としての国語がつくられたのと同様に、共通した故郷が民衆にあてがわれたのである。

郷土をまるごと国家の細胞に組み入れるためには、日本国民全体に通底する都合のいい故郷をつくる必要があった。国家にとって都合のいい故郷とは、純粋無垢で毒気のない非政治的空間である。そこに政治があってはならず、政治的世界とは異次元の世界が展開されていなければならないのである。

そしてその故郷と国家を結びつけるため、虚偽の故郷愛、郷土愛を流し込む。真の故郷愛、郷土愛はそのままのかたちで国家愛につながるものではないからである。郷土愛の延長拡大を国家の愛につなげるべく、さまざまな情感と型が用意される。徹底した郷土愛は、時として国家に牙をむくことがある。したがってそうさせないために、国家は常に郷土に気を遣う。

島尾敏雄にとっての故郷

前置きが長くなったが、島尾敏雄は故郷というものをどのように見ていたのであろうか。

生れた土地を故郷と呼ぶなら、彼の故郷は横浜である。父母の生誕地で、彼が幼少の頃の祖母たちとの想い出がある地ならば、それは群馬県の相馬ということになる。少年時代を過した土地は神戸である。さらに昭和十九年に海軍少尉になり、第十八震洋隊の隊長として生きた奄美の加計呂麻島も島尾にとっては衝撃的な地であった。終戦直後は神戸の父のもとに身を寄せるが、その後の奄美での生活は、彼の文学、思想を紡いだ地として大きな意味を持っている。

島尾はともかく多くの地を転々と移り住み、自らを故郷喪失者と呼んでいる。流浪の人であり、漂泊者なのである。(2) 彼自身もどの地が自分にとって故郷なのか、何度もその質問を自分に投げかけている。ただちに明確なこたえはでてこない。

島尾には、「ふるさとを語る」という短文があるが、そのなかでこんなことをいっている。昭和三十七年のことである。

「今住んでいる奄美大島はせまい意味の私の郷土ではない。でもそれならどこがそれかと、きかれたときに、私はどこをえらび出せばよいだろう。生をうけたところと、年少のあいだのおもな期間をすごした場所は、それぞれ横浜や神戸だが、父と母はふたりとも東北のある地方で生まれ、そして同じ場所で育った。日本人の両親をもつ者が、世界のどこで成育したとしても、まぎれもなく日本人のはずであるのと同じ理由で、私がどこで生まれ、そして育ったにしても、東北人であることはかくせないにちがいないが、なお私は自分の郷土を東北の一地方に限定してしまうことはこだわりを感ずる。といって横浜は私の端緒の記憶につながっていても、そこには血のまじわりの重さはない。過去半生の中で一番長いあいだを生活の根拠地と感じていた神戸にしても、横浜と同じように、私がそこのものであることをどこまで引き受け許容してくれるかは、はかり知ることのできぬたよりなさを含んでいる。(3)」

この文章に関するかぎり、島尾にしてみれば、錨をおろす場所もなく、それぞれの地になつかしさはあるものの、強烈に彼の全身をとらえて離さないほどの郷愁の念はないのである。
しかし島尾という漂泊者も、たとえそれが擬制だとしても、皆が想像する故郷を欲した時期があった。ことに父母の生れ育った相馬にはその思いが強い。相馬での祖母と島尾の関係について紅野謙介はこうのべている。

「相馬では、母方の祖母キクが敏雄をあずかってかわいがった。この祖母はおどろくほど記憶力がよく、囲炉裏のうえの炬燵にならんで『バッパサン、ハナシ、カタレ』とせがむ幼い孫たちに、方言による昔話をしばしば語り聞かせた。祖母をとおして伝えられた東北のフォークロアの世界は、説話に対するやわらかな感受性を育てた。[4]」

この祖母とのぬくもりの場も、いつしか島尾には、じつに頼りなくうつろなものに思えてしまう。島尾は面白いことをいう。東北も横浜も神戸も故郷だときめかねることは「理想的」なことだというのだ。これはいかなる謂か。せまい意味での故郷ではないといった奄美を浮き彫りにするためであったのかもしれない。
島尾にとって、故郷は単なる想い出のなかにあってはならないのである。現在ここに生きているところから将来に向けての生活、そしてその生活から思想が紡ぎ出せる拠点でなければならなかった。「現在と将来に深いかかわりを結ぶ可能性をもつ奄美大島が、私の郷土となる意味がはっきりしてくる。(5)」というのである。郷愁の念をそそるだけの従来の故郷、郷土観を彼は拒絶しているのだ。島尾の気持を執拗にひきつけるにいたったのは、大陸の影響を最も少なく受けたこの奄美であった。そしてしかもこの地は彼の妻の生誕の地であり、生死をかけた震洋隊隊長としての体験の地でもあった。

柳田国男にとっての故郷と国家

時代的な違いはあるが、私はこの島尾敏雄にとっての故郷と、民俗学者柳田国男のそれとの比較をしてみたい。両者の比較から何かが見えてくるはずである。

柳田には「故郷七十年」という作品がある。ここにみられる柳田の故郷に対する思いからみていきたい。柳田も島尾と同様漂泊人である。一般民衆の情念をうまくすくいあげ、国家がつくりあげた故郷観を持ちたかったが、彼はそれを持ちえなかった。望郷の念は強いが、帰る場所はなかった。柳田は次のように心情を吐露している。

「故郷といふものは、伯父母や従兄弟などさういった人々があってこそ温かい所なのだが、私の両親は兄弟のない人だったし、せいぐ故郷は次兄の養家先がある程度。そこも帰郷して訪れるには億劫なところであり、一年ほど預けられたことのある辻川の三木拙二氏家宅にゆく以外にないのだが、その家も世の中の変遷に合って寂しい生活になってゐるので行って慰めたいとは思いながらもなかく訪れにくいといった状態にあるのだから、なみの人の故郷と私の場合とは余程違ったものがある。(6)」

柳田は兵庫県加東郡田原村辻川に、明治八年に生れた。彼の家、つまり松岡家は代々医業を業として、その土地で農地を持った住人ではなかった。国男の父親も、もちろん医者であったが、儒学を学び学校の師範などもつとめていた。柳田が「日本一小さな家(7)」と呼んだ松岡の家は借地で、きわめて不安定な住民だった。近隣住人から迫害を受け、その土地におれないというようなものではなかったが、耕作する農地もなく、家も借地の上に建っているとあっては、どれほど教養があっても、松岡家はその辻川では土着という安定した地位を獲得することはなかった。

松岡家の置かれたその土地でのポジションは、子どもたちにも影響し、国男自身もムラの子どもたちと群をなして遊ぶこともなく、歓喜に共震するといった体験もなかったようである。彼の母などは国男がそうであることを欲したようなところがあった。

辻川に家はありながらその土地の人間になりきれないという柳田の心情は、その後いかなる意味を持ってくるか、極めて大きな問題である。

生れた土地に対し、憎悪の対象とする程の思いを抱いたわけではないが、氏神を中心としたムラの狂おしい程の交歓に酔いしれることはなく、故郷に対する気持は冷たくさめていた。山川草木という自然を除いて、柳田をあたたかく包んでくれる故郷は、ついぞ彼の前に現出することはなかったのである。

そうであればある程、気位の高い柳田が、自分の存在を顕現しようとする姿勢が強くなってゆくのは当然であったかもしれない。その一例ともいえるかもしれないものがある。それは柳田の生れ故郷にある鈴ケ森神社の鳥居の内側にある石柱である。最初の大きな右側の石柱が「奉・松岡鼎」で、左が「納・柳田国男」である。この現実の意味を次のように解く人がいる。

「それにしても、石柱のある場所といい、その大きさといい、彼の生家の社会的地位、家柄からいって異様な目立ちようである。そして、とくに柳田の場合、彼は養子にいってすでに柳田家の人間であった。ムラの論理からいって、石柱にとうぜんきざまれてよいのは、松岡家にとっての大恩人、そして大庄屋という名望家、三木家の名ではなかったか。いくら三木家がひっそくしており、松岡二兄弟が大金を出したといっても、少々異様なことに思われる。よくムラの人たちがそれを許したというのが私の実感である。そしてさらに、どうして向って左の石柱が『納・柳田国男』であって、『納・井上通泰』ではないのか。井上通泰が養子にいった者なら柳田も同じである。まして井上通泰は松岡家の実の大黒柱であった。[8]」

半漂泊民であった柳田国男の屈折した郷土への思いが、なみはずれた金銭の寄付となり、この石柱の大きさと順序になったのであろうか。

いずれにしても柳田にとっての故郷とは、こんなものであった。人は国家以前に、ムラに所属している。国家以前、国家以外のところで人は生れ、育ち、死んでゆく。ムラの歴史は国家よりも深く重い。このムラの歴史を背負いながら、人は自分の体質を形成してゆく。それはけっして押しつけられたものとか、人為的なものではなく、ムラの空気のなかで、おのずと育成されてゆくものであった。柳田はこの自然に生れてくるであろうところの感情を、幸か不幸か持ちえなかった。具体的なムラの生活が血となり肉となることはなかった。このことは、柳田の思い描く故郷が、国定教科書や文部省唱歌などに描かれ歌われた国民的、国家的風景としての故郷になってゆく危険性を、はじめから孕むものとなった。

一方でどうにもならぬ窮屈な人間関係や土地制度の矛盾などで頭を悩ますことはなかったが、他方で共有するハレの日の非日常的興奮の渦のなかでムラ人の一人としてともに喜ぶということもなかった。つまり彼は偏狭な郷土主義や故郷観に陥いることはなかったが、この郷土、故郷を絶対的価値として、国家に対峙したり、国家を相対化したりすることもなかった。

国家は必要に応じ、郷土、故郷を利用する。ある時は同情を寄せ、ある時は排除する。これはナショナリズムとパトリオティズムの問題でもある。私たちは、これまで両者の関係についてのすぐれた指摘を遺産として持っている。それはこのようなものだ。

「人間永遠の感情として非歴史的に実在するパトリオティズムは、ナショナリズムという特定の歴史段階において形成された一定の政治的教義によって時として利用され、時として排撃されるという関係におかれている。いわゆる郷土教育の必要が説かれるのはナショナリズムの画一主義が空洞化をもたらし、その人間論的基礎の再確認が必要とされる時期においてであるが、この場合には、パトリオティズムは、ナショナリズムの社会的機能障害に対する有力な補完作用として利用される。……（略）……しかしまた、その反面において、郷土的愛着心をたちきることがナショナリズムのために必要である場合には、それはしばしば『地方主義』『郷党根性』として排斥される。[9]」

柳田の場合、この郷土、故郷への執着が希薄なため、彼が故郷、郷土を語ろうとすればするほど、それは仮構のものとなり、国家に対する抵抗の核になるのではなく、国家の弱点を補完し、支えるものとなる。

郷土、故郷のなかで蓄積されてきた無気味な怨念や憎悪の感情の根源を掘りおこそうとする志向はなく、国家が願ってもないような郷土、故郷となりがちである。郷土研究にしても、柳田は郷土そのものの研究よりも、郷土を通じて国家、民族の研究を進めるものであった。つまり柳田には徹底した「郷土主義」が欠落していたのである。次のような三輪公忠の指摘があるが、当然であろう。

「柳田の故郷への愛は、現実の故郷によっては受けとめられも、報いられも、しないものであった。そこで彼の郷土愛は拡散され、彼の郷土の構成要素が発見できる日本全土におよぶことになる。受けとめてくれる故郷があったならば、ひとまず郷土愛として定着し、そこから政治的な地方主義にまで発展しえたかも知れないものが、個別的な安住地を与えられなかったために、ナショナルな普遍に向けて拡散してしまったのである。(10)」

柳田民俗学に限らず、民俗学の多くは、地方、郷土、故郷にさぐりを入れ、反近代、反中央、反国家といった志向性を持っているかのように見えるし、中立的立場で民衆の生活の足跡を丹念に拾いあげているかのように見えるが、はたしてそうか。そこに徹底した「郷土主義」、つまり郷土に執着して国家を撃つといった志はあるのか。民俗学に従事している人たちが採取している「民俗」とはいったい何か。誰が、どういう目的で、どのような網をもって採取しているのか。

近代化の嵐によって破壊され、消されてゆく民衆文化の古層に執着し、それに価値を与え、擁護しているような体裁はとっているが、舞台の裏はどうなっているのか。じつは、近代化、国民国家形成を結果として支援する方向に、その存在理由を求めてきたのではないか。さきの三輪は、柳田民俗学のある限界を次のようにのべている。

「柳田はこのような日本近代の現実問題にどのように対処していったのだろうか。彼の民俗学は、もともと民族国家日本を前提としていたので、資本主義体制のもと、工業化＝都市化の直接的結果の一つとして、地方の貧困化が急速に進展していったとき、彼の心がどれほど痛もうとも、それは一君万民主義的な改革論には追従できたとしても、地方分権的連邦制を発想するところまではゆきえなかった(11)。」

「奄美」を故郷にしたかった島尾

柳田の故郷への視点の紹介が少し長くなったが、この柳田の故郷観と島尾のそれとの間に、どういう違いがあるのか、そしてその違いは、日本の思想、文化を考えるうえで、いかなる意味を持つことになるであろうか。

柳田には執着する故郷、郷土はなかった。そのことはいきおい日本の国民国家へと彼の思いが飛翔することになった。さて島尾はどうか。住居移転の回数ということであれば、島尾は柳田など相手にはしない。柳田が半漂泊人であるなら、島尾は根っからの漂泊人であった。

柳田が「故郷七十年」で郷愁の念にかられた故郷というものを島尾にもとめるならば、それは両親の生れた福島県の相馬であったろう。しかし前述したように、島尾はその相馬は空虚な幻想的なものでしかないということに気づいたのである。彼はその場所を故郷と呼ばない。横浜も神戸も同様に故郷とは呼ばない。究極的に彼は奄美を故郷にする。しかしそれは太古の美に幻想するようなものでもなく、なつかしいものでもなかった。島尾は意識的に奄美を故郷にしたかったのではないか。しなければならなかったのではないか。それは思想を紡いでゆくうえで奄美を武器としての故郷にしたのではないか。

つまり彼は奄美の風俗、習慣を、日本人の農本的天皇制国家の細胞とは異質のものとして把握したのである。島尾は、この奄美でしばらく暮しているうちに、次のようなことを体感したという。

「本州や九州では味わえなかったものを私はいくつか体験し、それに或る酔いを感じた。ごくわずかなものを具体的にとり出していえば、民謡の旋律や集団の踊りの身のこなし、会釈の仕方とことばの発声法等……の複合の生活のリズムのようなものが私を包みこみそして酔わせた。でも、それは異国のそれではなく、本土ではもう見つけることは困難になってしまったとしても、遠くはなれた記憶の中でひとつに結びつくような感応をもっているとしか思えないものだ。本州や九州に於いて祭やアルコールのたぐいで意識を解放させたときにあらわれてくる、日常の日本とまるで似つかわしくない放散はいったい何だろう。(12)」

これは島尾が全身で把握した大発見だったと思う。日常的に、それとなく見聞きをするこの島の唄や踊りや話し言葉などによる酔いと、本州、九州の祭りや酒の酔いとではその解放感がまるで違うというのである。これはどういうことか。太古から脈々と継承されてきたものを、島尾は頭のなかではなく、身体全体で感受したといえよう。それは余りにも遠い過去のもので、相馬の「バッパサン」の話などを、はるかに超えたものであったに違いない。そしてそれは、農本的天皇制を軸として展開されてきた日本の歴史を根本から突き崩すようなものであったのかもしれない。従来の日本列島のものではないようなものを、この奄美に見た島尾は、驚愕するとともに、真の日本を知る一つの手がかりのようなものに気づいたのであろう。それは渾沌の世界であり、未分化の世界であった。近代化というものは、当然のことながら渾沌の世界、未分化、前論理の世界を脱却し、分化の世界に移行することであった。自と他を分化し、主体と客体をつくりながら、独立の生活を成立させることが近代化への道であった。文明人は論理を重んじ、非文明人は論理的思考を持たず、神秘や非合理という文明のもとに生きているとみなされてゆく。

しかし奄美では、各人がバラバラで勝手に、主体的に一つのことのみに専念しては生きてはゆけない。常に全体的に、総合的にということが優先される。そこに人間の根源的生命があるとして、島尾は非文明的生活を次のようにいう。

「南島には全人的な生活が、貧しいかもわかりませんし、またちょっと見たところ非文明的かもわかりませんが、残っているのではないかという感じがするわけです。あるいはそこに住んでいる人たちの人間的なやわらかさに根ざした民謡の調子の深さ、または踊りのリズム感の、日本のほかでは見られないにぎやかな快さがあるわけです。……（略）……南島にはエネルギーがあるということ、文明というものに毒されていないエネルギーがあると感ずるわけです[13]。」

島尾はさらに、この奄美には日本の中央を中心とした歴史段階の、ある時代が大きく欠落していることを指摘する。それは本土、九州などに存在した本格的な武士の時代である。彼は「奄美の歴史をかえりみますと、武士的段階を跳び越しているようなところがあります。武士階級というものが、言葉の本来におけるような形では、奄美においては許されませんでした[14]。」というのだ。

武士不在の社会構造、そこからかもしだされる雰囲気というものが、いかなる文化を残し、継続しているかに関心を寄せている。つまり日本の歴史の一つの前提となっている武士の時代がない。そうなれば、これまでの日本が重大な価値として考えてきた文化が不在ということになり、同時にそのことによって逆に大切なものが残ったともいえる。

歴史の歩みなど画一的である必要はなく、段階的進歩の観念など、どうでもいいことである。世界の歴史の歩みがヨーロッパの歩みを基準にして、そうでなければならぬような幻想をつくったと同様に、日本列島の歴史は中央のそれと同様でなければならぬという神話がつくられてきた。

未開と文明などという概念は、特定の国が、あるいは特定の人たちが勝手にきめつけた区分けであって、これは本来、対立概念や段階的概念ではない。それぞれの国の、それぞれの地域の発達の仕方、選択の仕方を、そのように分けて喜ぶ人たちがいたということにすぎない。歴史が西洋の基準にしたがって進歩してゆくものであるなどという先入観にとらわれると、人間の、そしてその人たちの住んでいる地域の特徴を見落すことになる。西洋的価値基準に照らして遅れているとか、何もないということが、必ずしも人間の不幸に結びつくものではない。つまりそういうものが人間の生命の根源に触れる問題ではないし、そういう理解しか示せないのは、西洋的近代的知性というものに毒された人たちの浅慮な考えでしかない。

進歩史観のようなものに立てば、薩摩藩は中央権力の行った近代化の方向に貢献したことになる。しかしその貢献の内実は、奄美の大きな犠牲があってのことだったということを認識しなければならない。薩摩藩の財源を大きく支えるものとして、奄美の砂糖があった。このことにより、奄美の民衆は塗炭の苦しみを味うことになる。この苦しみを島尾はわが胸中にたたきこんだ。薩摩と奄美の関係について彼はこういう。

「鎖国解禁とからみあった明治維新に、薩摩藩が大きな役割を果したたことは知らないものはいないだろうが、その藩の財政の大きな支えとなったものが、奄美の黒糖であったことはそれほど明らかにされてはいない。……（略）……あらましをいえば、藩は奄美のなかに武士としての身分を認めず、そのかわり島の有力者に、売買贈与ができさらに生涯解放されることのないような隷属者さえも所有することを許したうえで、黒糖生産を強行させた。島の人々は米作や漁猟は禁止されたと同じ状態のもとで、自分で食べることのできない、黒糖作りに専念した[15]。」

これは島尾の作り話でもなければ、針小棒大的発言でもない。慶長十四年(一六〇九)、琉球王国から切り離された奄美は、島津藩の直接的支配を受けることとなる。この時より奄美の民衆は地獄の苦しみを味うことになる。松田清の説明を引いておこう。

「島津は、鉄砲でもって、奄美を〝植民地〟とし、黒糖という当時では、黒ダイヤに匹敵する貴重な財源を確保するため、苛斂誅求の搾取を行った。……(略)……自ら生産した黒糖を、子供が病気になってもなめさせることもできず、耕地のすべては砂糖きび畑に変えさせられ、見込産出量が設定され、もしそのノルマが達成できなければ、首かせ、足かせ、むち打ちなど厳しい刑罰を加えた。徳之島のように耕地の広い島でも、一度台風に見舞われると飢饉が発生、農民たちは砂糖きびの切株にしゃぶりついて命の果てるものが多かったと記録されている。上納糖を完納できないものは、年利三〇%という高利で地主から借りて上納するが、次第に返済できなくなって、ヤンチュと呼ばれる農奴に転落していった。[16]」

家畜がその家の財産であったように、このヤンチュ（家人）がどれほど多くいるかによって、その家の、つまり地主の勢力が決定されていた。松田は次のようなことまで披露している。

「一七四五年、上納米がすべて砂糖に切換えられてから、一家に数百人のヤンチュを抱える大地主も生まれ、奄美の農村の両極分解は急速に進んでいった。ヤンチュの値段は藩政末期に、大島本島で男が砂糖千五百斤、女千四百斤、一番高いのが二千斤。喜界島は二千～三千斤、徳之島は三千～四千斤、沖永良部は三千斤だった。[17]」

自然はことのほか美しく、太古から継承されてきた島人の心のやさしさ、島尾の妻大平ミホの故郷であり、一八三名の兵を引きつれて第十八震洋隊の隊長として過した加計呂麻での体験、これらはそれぞれ島尾の心に深くくいこんではいるが、それとは別に、疲弊と屈辱で覆いつくされた奄美の歴史も島尾をとらえて離さなかった。

ヤポネシアという視点

やがて、島尾は奄美を拠点にし、これを武器にし、従来の日本とは異なった日本の発見へと向ったのである。大陸と西洋の文明を追いながら、走り続けた進歩的日本に対し、もう一つの日本の方向を探そうとしたのである。

島尾が身体全体で感じたものは、いわゆる日本国家の基層文化とか、国民国家形成のための民俗といった類のものではなかった。

島尾がこの奄美という島の生活から、自分の思想の多くを紡いでいった一つの例証として、松本健一は西郷隆盛のことを持ちだしている。西郷は大島、徳之島、沖永良部で五年ほど暮したが、彼はただ一方的に島の人たちを啓発し教育しただけではなく、この島から多くのものを吸収しながら彼独自の思想を形成したのではないかと松本はいう。思想形成の根源に触れて彼はこういう。

「島尾敏雄はここで、島の生活を根源にして思想を紡ぎだしている。そのことによって、これまで西郷隆盛という外来者が島に何を与えたかという視点からのみ歴史をみてきた歴史家を批判している。……（略）……わたくしはここで西郷論をしたいわけではない。そうではなくて、島尾敏雄のそういった西郷観に対する発言は、かれが『島の生活』を根源にして思想を紡ぎだした結果生まれるものだ、といいたいのである。それゆえ、これは西郷観に対する発言というよりも、思想の根源をどこに置くか、という問題なのだ。[18]」

ごくあたりまえのことではあるが、思想の根源は生活に発するということである。その土地の生活をどの程度受け入れるかによって、その思想の軽重がきまる。日本列島のどこかに住みながら、日本を相対化する思想は、土着的生活から醸成されるもので、外来思想の輸入などによって生れるものでは断じてない。

柳田も島尾も漂泊者であり、旅人であった。しかし柳田は故郷を語りはしたが、それが生活の拠点になることはなく、彼の故郷観は、土着性、地域性を伴うものとはならず、日本国家へと飛翔した。したがって彼の故郷の問題が国家、中央に対峙することはなく、むしろ国家を支援し、協力するものとなっていったのである。

　それに対し、島尾は奄美を故郷と断定し、その島のなかから彼独自の反国家、反中央の歴史観を養い、ついにヤポネシアという思想を自分のものにしたとはいえないか。

　島尾の思想を生みだす一つの根源に奄美があったことをさきにのべたが、彼の主張するヤポネシア論は、まさしくその産物であった。島尾がこのヤポネシアという言葉を最初に持ちだしたのは、昭和三十六年十二月のことである。平凡社の『世界教養全集』（二十一巻）の「月報」に、「ヤポネシアの根っこ」という短文を書いたのである。彼はそこで次のような発言をしている。


「日本や日本人が何であるかを知りたいという思いはいつのころか私をとらえてはなさないが、奄美の生活と習俗の中でくらしているうち、ひとつの考えが育ってきたことに気づいた。たしかに日本の文化そして日本人の生活は、大陸のそれをとりいれることによって自らをこしらえ支えてきたにちがいないだろうが、日本の素性をあきらかにするために、大陸の影響の状況をいくら巧妙にそして慎重に腑分けしていっても、とどのつまりはかさぶたをはぎとったあとの無残な不毛の部分しか現われてこないような気がする。[19]」

大陸の影響を無視したわが国の歴史、文化は考えにくいが、その影響ばかりに拘束されている日本人論、日本文化論には限界があるといいたいのである。

これまで語られてきた日本ではなく、奄美からみたもう一つの日本の顔が島尾にせまってきた。島尾の奄美への強い関心は次のようなかたちをとる。

「もしかしたら、奄美には日本が持っているもうひとつの顔をさぐる手がかりがあるのではないか。頭からおさえつけて浸透するものではなく、足うらの方からはいあがってくる生活の根のようなもの。この島々のあたりは大陸からのうろこに覆われることがうすく、土と海のにおいを残していて、大陸の抑圧を受けることが浅かったのではないか。[20]」

考えてみれば、これまで日本は先進国と呼ばれる国における文化の輸入と模倣に汲々としてきたところがあった。大陸の文化もそうであるが、西洋についても同様であった。それらが表面的借用物にすぎないとはいうものの、その勢いが日本の中央を犯すとき、東北や南島は文化の届かぬ地として投げ捨てられてきた。中央だけが日本の支配層として君臨し、異端を排除することによって成立してきた皇国史観を破壊し、真の日本の深層にせまる文化論の展開が望まれる。太平洋戦争後、日本は日本文化創造のための国づくりに強い関心を寄せるべきであった。それが経済復興、成長という嵐の前で、その理想は夢と消え、市場原理と経済競争のみが唯一絶対の価値とされていったのである。

中央は常に正常で、地方は異端でどこまでいっても従属的な立場に置かれてしまった。奄美などは美しい自然のほかに何もない島として固定された。しかし島尾は、この何もない島に執着する。

「すこし文学的な言い方を許してもらえば、そのなにもないというところに、奄美のすさまじさのようなものがあるのだという感じがする。ひとつには、奄美には文化遺産などなにもないというさびしさがある。と同時に、なにもないということのすさまじさみたいなものの中から、どうしても文学的に働きかけてくるエネルギーが感じられるのです。[21]」

寺もなければ、もちろん仏像もない。城もない。

この島尾が「ヤポネシアの根っこ」を書いたのが昭和三十六年であったことはさきにいったが、それからかなりの空白期間があって、民俗学者谷川健一がこの島尾の「ヤポネシアの根っこ」に着目し、昭和四十五年一月一日に『日本読書新聞』に、「〈ヤポネシア〉とは何か」を発表し、これが契機となって、多くの人がヤポネシアに注目することとなった。谷川の文章は次のように始まる。

「私は日本に対するさまざまに起伏をもった体験のはてに、日本の彼方にヤポネシアという歴史空間の幻をみるようになったようである。しかし私にとってヤポネシアとは、日本人に特有な水平願望を意味するものではない。昨日も今日も明日も、飲み食い、騒ぎ、そしてそれ以上にかくべつ野心をもたない人びとの渦まく日本列島社会そのものである。島尾敏雄の造ったヤポネシアという言葉に私がひかれるようになったその裏がわには、日本列島社会を『日本』と同じものと考えたくない心情がある。私にとって日本というイメージは手垢によごれすぎた。そのイメージを洗うものは、日本よりももっと古い歴史空間か、日本よりももっと生きのびる、つまり若い歴史空間かのどちらかでしかない。日本よりも古くかつ新しい歴史空間、それが私にとってのヤポネシアだ。[22]」

「日本列島社会を『日本』と同じものと考えたくない」という谷川の思いは、もともと多系列というか複合的というか、そういう文化を持っていた日本列島に対し、それを単系列、同種同根の文化に収斂してしまうこれまでの歴史観、文化観への痛烈な批判である。そのことを島尾のヤポネシア論からくみとり、それまでの常識をうち破るものとして注目したのである。このことは、従来からのナショナリズムとインインターナショナリズムの関わりに対する谷川の批判でもあった。イターナショナルであろうとすれば、日本を捨てて外来思想に依存しようとする。また、ナショナリズムを志向しようとすれば、国粋的日本に埋没し排外主義に陥る。両者にはなんら接点はない。この不毛な議論をわれわれは繰り返してきた。谷川はこの不毛な繰り返しに終止符をうつべく次のようにいう。

「ヤポネシアは、日本脱出も日本埋没も拒否する第三の道として登場する。日本にあってしかもインターナショナルな視点をとることが可能なのは、外国直輸入の思想を手段とすることによってではない。ナショナルなものの中にナショナリズムを破裂させる因子を発見することである。それはどうして可能か。日本列島社会に対する認識を、同質均等の歴史空間である日本から、異質不均等の歴史空間であるヤポネシアへと転換させることによって、つまり『日本』をヤポネシア化することで、それは可能なのだ。[23]」

谷川健一が指摘する柳田民俗学の欠陥

地を這うようにして日本列島を歩いて、民衆の生活史を綴ってきた谷川にして、はじめていえることである。谷川の眼には、日本列島のなかで、日本の国民とは別に、それ以前に、あるいはそれ以外に、さまざまな人間の生き死にが映っているのだ。国家以前の、あるいは、国家以外のさまざまなムラを谷川は想定している。その世界は、農本主義者権藤成卿らのいう社稷の世界といってもいいかもしれない。社とは土の神、稷とは穀物の神のことであるが、権藤たちは、このことを中心とした衣・食・住の安定と男女の調和を説いたのである。これは人間の生存の基本的なものであり、これを除いた人類の生存はない。権藤は社稷と国家の関連を次のようにいう。

「制度が如何に変革しても、動かすべからざるは、社稷の観念である。衣食住の安固を度外視して、人類は存活し得べきものではない。……（略）……国家とは、一の国が他の国と共立する場合に用ゐらるゝ語である。世界地図の色分である。……（略）……各国悉く其の国境を撤去するも、人類にして存する限りは、社稷の観念は損減を容るすべきものでない。[24]」

権藤にとって、この社稷のいとなみ、つまり、自然而治こそが絶対的なもので、その他は相対化される。額面どおり受け取れば、社稷は国家をも相対化するというものである。

この社稷が国家を相対化し、国家不要につながるものであるかどうかをめぐっては、議論のわかれるところである。

この反国家、反権力的色彩は、すべてポーズで、じつは民衆を統治するための王権がとる常套手段だとする見解もある。[25] しかし、それはそのように利用されたということであって、人間の生の根源である衣食住、男女の関係調和というものは、現に国家が破壊されても存続している。草を食み、泥水を飲みながらもわれわれは社稷とともに生きてきた。社稷を思うこころは、人間と自然、神々との一体化を願うこころであり、大いなるものに感謝をささげるこころである。

国家以前の、あるいは以外のムラのなかで、人々は国家を意識して生きてきたわけではない。ヤポネシアを自然体として生きてきたのは、けっして日本国家の支配層たちではなく民衆であった。本来その生活の足跡を探るのが民俗学であったが、その学問は次のような欠陥を持っていたと谷川はいう。

「歴史の彼方から存在する常民は、国家意識の枠組みの中にあるばあいでも、それの規制とは異った次元に自分の意識の中心核を従属させる。こうした常民の意識の前提に立って日本民俗学は成立した。しかし明治官僚であった柳田国男も近畿の風土に生まれた折口信夫も、ヤポネシアの意識を方法論にとりいれることで日本を相対化する論理を構成するには、あまりにも単系列の時間の近くに自分を置いたのである。(26)」

本来の民俗学は、日本国家とは異次元のところで生活していた民衆の生活を正確に拾い、日本の実態を、足の裏からのぞこうとするものでなければならなかったのである。しかし、多くの場合、民衆の実生活、心情をすくいあげるのではなく、その一片を利用しながら、偽造に満ちた民衆像形成に終始し、常民の学をつくっていった。

谷川の民俗学はそうではなかった。彼はこの偽造に満ちた民衆像ではなく、国家以前のあるいは国家とは異質の生活空間のなかの民衆を見ようとした。島尾のヤポネシア論に共鳴できるのは当然である。

皇国史観に立つ日本歴史学は、弥生時代以後に重点を置き、それ以前、つまり縄文の時代を前史として歴史から遠ざけてしまった。

谷川は日本列島の先住民が弥生以後の天皇族にしてやられた歴史を証拠だてようとした。谷川の文章に次のようなものがある。

「これまでの日本の歴史は弥生時代以前にさかのぼることなく、縄文時代の歴史は、『前史』として、それ以降の歴史から切り離された。しかし幾千年に及ぶ先住民もしくは原住民の生活と意識が、日本歴史の骨格を、もっとも深部において形づくっていないはずはない。その深層の意識の部分を切り捨てた歴史は、首を胴体から切りはなした『首なし馬』にひとしくはないか。(27)」

谷川は敗者、死者、そして遺棄された者たちの歴史に熱い視線を投げかけ、いま一度、日本列島の歴史全体の読み直しを主張しているのである。

後になって、谷川は島尾のヤポネシア論にやや疑問を抱くこともあったが、基本的には賛同し、高い評価を与えていることにかわりはない。

谷川が評価したごとく、島尾のヤポネシア論は、これまでの中央勢力中心の歴史に対し、大きな疑問を投げかけたのである。従来の硬直化した歴史観によって、曲げられ、疎外された歴史や文化に照明を当て、それぞれの地域が持つ独自性に注目したのであった。

そのことにより、日本にいながら日本を相対化してゆく方途を探ることになった。日本にいながら日本を相対化するという思想は、日本に対する反逆というよりも、渾沌の世界に回帰することによって、獲得できるものであるのかもしれない。そのことを体感しながら島尾は奄美を生きたのだと思う。

渾沌の世界、未分化の世界に回帰するということは、やすっぽい進歩史観に対し、異なった目を養うことであった。島尾は文明が進歩するなどといったことに深い疑義を抱いている。

縄文から弥生へ、中世から近世へ、近世から近代へといったようなものは、社会のある一つの推移の仕方であって、中世も近世もないといったような社会があっても、なんら不思議なことではない。

前にも触れたが、奄美には本格的武士階級の存在もなく、仏教も実質的にはない。したがって、その階級や宗教から必然的に生み落されてゆく造形、風習というものがない。つまり、いわゆる中央の文化遺産というものはない。このような文化遺産がなければ人間は不幸なのかどうかが問題である。文明が開化してゆくということについて島尾はこんなことをのべている。

「たぶん世の中は文明開化してだんだん進んで行くのでしょうが、そういうふうに進んで行くことが、われわれ人間の生活にはたして幸福かどうかということは、よく考えてみなければなりますまい。……（略）……われわれが一番なやみに思っておりますことは、世の中が進んでくるにしたがって、人間がばらばらになってくることです。仕事を見てもそうですが、分業がだんだん激しくなってきて、都会に行けば行くほど、ひどくなっています。しかし、それが幸福かどうかということはわからない。……（略）……島におれば、なにかひとつのことだけをしていたのでは生活ができないようなところがあるのです。[28]」

分業の一部を担当していただけでは生きられぬという島尾の主張は傾聴に値する。自給自足の生活をしていたかつての民衆は、衣食住に関する必要なものはすべて自分で生産し、創造し、工夫して暮したのである。

近代文明の発達ということは、細分化が激化し、全体的・総合的判断が次第に困難になってゆく過程であった。また、人間の生命の根源にあるものを無視し、否定し、病める社会の創造過程でもあった。そこでは鬼の呪詛も、神の怒りも聞き取ることのできない平板で、均質で、画一的な社会が、明るい社会だと呼ばれた。稲作でも漁業でも、いろいろな生業が育ったであろう奄美という島が、砂糖きび一色の島になることが近代化に貢献することだったとでもいうのであろうか。この悲劇が奄美の人たちの近代であった。島尾はこの島の歴史と現実を体感した。各自が分化しない地点に帰り、総合的判断と実践ができる人間復活を島尾は訴えている。自と他、主と客、支配と被支配という対立の世界を脱し、未分化、未分離、渾沌の世界に彼は夢をつなごうとした。そういう視点で日本列島全体を見直してはどうか。島尾のヤポネシア論の一面に私はそういうものを読みとりたいと思う。

注

（1）次のような故郷を持つ人もいる。「私は、ある種のおびえと戦慄なしには、故郷の村をふりかえることはできない。その暗部を見ないものたちによる村的なものへの郷愁めいた理想化や、土着共同体への楽観論には、私はほとんど体質的な嫌悪や恐怖すら感ずる。通りすがりの、まれびととして立ち寄るものにとっては、なつかしい里であり、その共同体のなかで、しかるべき所を得ているものにとっては、安らぎの在所であるかもしれないが、そこからはじき出されているもの、その安寧秩序のもとで下じきにされているものにとっては、そこは常に地獄だ。」（石田郁夫『土俗と解放――差別と支配の構造』社会評論社、昭和五十年、一五九―一六〇頁）

（2）島尾敏雄の住んだことのある主な土地をあげておこう、横浜、神戸、長崎、奄美加計呂麻島、東京江戸川区、千葉県佐倉、東京池袋、千葉市川、奄美名瀬、鹿児島県指宿、神奈川県茅ケ崎、鹿児島県姶良郡加治木町、鹿児島県吉野など。

（3）島尾敏雄「ふるさとを語る」「南日本新聞」夕刊、昭和三十七年一月九日、『島尾敏雄非小説集成』（2）、冬樹社、昭和四十八年、六八頁。

（4）紅野謙介「評伝・島尾敏雄」『島尾敏雄』〈新潮日本文学アルバム〉新潮社、平成七年、九頁。

（5）島尾敏雄『前掲書』六九頁。

（6）柳田国男『定本柳田国男集』別巻第三、筑摩書房、昭和三十九年、八頁。

（7）柳田国男はこうのべている。「私の家の小ささは日本一だといったが、それもきっちりした形の小ささで、数字でいふと座敷が四畳半、間に唐紙があって隣りが四畳半の納戸、横に三畳づつの二間があり、片方の入口の三畳を玄関といひ、他の三畳の台所を茶の間と呼んでゐた。このやうな小さな家に二夫婦が住むこと自体、たとひ母がいかにしっかり者といふ人でないにしろ、初めから無理だったのである。」（柳田『前掲書』一五頁）

（8）川本彰『日本人と集団主義――土地と血』玉川大学出版部、昭和五十七年、一七〇頁。

(9) 橋川文三『ナショナリズム——その神話と論理』紀伊國屋書店、昭和四十三年、二二一頁。

(10) 三輪公忠『地方主義の研究』南窓社、昭和五十年、六四頁。

(11) 同上書、六九頁。

(12) 島尾「ヤポネシアの根っこ」、島尾敏雄編『ヤポネシア序説』創樹社、昭和五十二年、八—九頁。

(13) 島尾「私の見た奄美」〈昭和三十七年六月十三日、講演速記録に加筆、削減〉、『同上書』二〇頁。

(14) 同上書、一六頁。

(15) 島尾「島の夢と現実」『島尾敏雄非小説集成』(2)、冬樹社、昭和四十八年、一〇六—一〇七頁。

(16) 松田清「近代奄美の社会運動」『新沖縄文学』沖縄タイムス社、昭和五十年五月、一一八頁。ヤンチュ(家人)については次のような説明がある。「奄美大島には、近世に家人と呼ばれる債務奴隷がいた。それは三つの形態に区分される。一つ目は『年季』家人で、喜界島は五年、大島・沖之永良部島は十年、徳之島は五年または十年を一期とした。ただ、年季家人といっても高利のため年季どおりの解放は困難であった。二つ目は年季が無期限である『無年季』家人、三つ目は家人同士の間に生まれた子供は、『膝素立』（膝生）と呼ばれ、『終身』家人で、抱主の所有物とされた。」（瀬戸内町誌編纂委員会『瀬戸内町誌――歴史編』平成十九年、三六四頁）

(17) 松田「前掲誌」一一九頁。

(18) 松本健一『戦後の精神――その生と死』作品社、昭和六十年、一八七―一八八頁。

(19) 島尾「ヤポネシアの根っこ」島尾編『ヤポネシア序説』、七―八頁。

(20) 同上書、九頁。

(21) 島尾「私の見た奄美」『同上書』一二二頁。

(22) 谷川健一「〈ヤポネシア〉とは何か」、島尾編『ヤポネシア序説』六一頁。

(23) 同上書、六二頁。

(24) 権藤成卿『自治民範』平凡社、昭和二年、二六一―二六二頁。

(25) 渡辺京二の見解をあげておこう。「社稷とはけっして古代的遺制あるいはイデーとしての『無政府社会』なのではない。それはアジア的専制権力の補完物であって、下級構造たる村落共同体の内部原理に干渉せずそれを『自治』にまかすような関係こそ、専制的国家の強力な権力の源泉だったのである。権藤は正統的な東洋の統治原理においては、『王者は唯儀範を示し之に善き感化を与ふに留むる』のであって、これは『一切の事を王者自ら取り仕切』る国家主義の反対、すなわち自治主義の伝統であるという。ところがこのただ儀範のみを示して下級共同体にそのような『自治』を許す半面、というよりむしろその故にこそ、下級共同体から経済外的収奪たる貢租を王者の徳の名のもとに無条件に要求できる収奪者、一切の下級共同体の成員の生命をいつ何どきとも要求しうる絶対的専制者だったのである。」(『日本コミューン主義の系譜』葦書房、昭和五十五年、九〇—九一頁)

(26) 谷川「〈ヤポネシア〉とは何か」、島尾編『前掲書』六五頁。

(27) 谷川『白鳥伝説』集英社、昭和六十一年、五二九頁。

(28) 島尾「私の見た奄美」、『前掲書』一八—一九頁。

主要参考・引用文献

権藤成卿『自治民範』平凡社、昭和二年

『定本柳田国男集』別巻第三、筑摩書房、昭和三十九年

森川達也『島尾敏雄論』審美社、昭和四十年
橋川文三『ナショナリズム――その神話と論理』紀伊國屋書店、昭和四十三年
『島尾敏雄非小説集成』（1）（2）、冬樹社、昭和四十八年
三輪公忠『地方主義の研究』南窓社、昭和五十年
石田郁夫『土俗と解放――差別と支配の構造』社会評論社、昭和五十年
山田宗睦『ヤポネシアへの道――東南アジア紀行』日本交通公社、昭和五十一年
島尾敏雄編『ヤポネシア序説』創樹社、昭和五十二年
松岡俊吉『島尾敏雄論』泰流社、昭和五十二年
島尾敏雄著者代表『ヤポネシア考』葦書房、昭和五十二年
『特攻体験と戦後』（吉田満との対談集）中央公論社、昭和五十三年
『新沖縄文学』（41）、沖縄タイムス社、昭和五十四年五月
渡辺京二『日本コミューン主義の系譜』葦書房、昭和五十五年
川本彰『日本人と集団主義――土地と血』玉川大学出版部、昭和五十七年
佐藤順次郎『島尾敏雄』沖積舎、昭和五十八年
松本健一『戦後の精神――その生と死』作品社、昭和六十年
谷川健一『白鳥伝説』集英社、昭和六十一年

紅野謙介編『島尾敏雄』〈新潮日本文学アルバム（70）〉新潮社、平成七年
藤井令一『島尾敏雄と奄美』まろうど社、平成十三年
高坂薫・西尾宣明『南島へ南島から――島尾敏雄研究』和泉書院、平成十七年
奄美・島尾敏雄研究会編『追想・島尾敏雄―奄美―沖縄―鹿児島』南方新社、平成十七年
瀬戸内町誌編纂委員会『瀬戸内町誌――歴史編』、平成十九年
寺内邦夫『島尾紀――島尾敏雄文学の背景』和泉書院、平成十九年

岡本太郎と縄文の世界

岡本太郎（オカモト タロウ）　1911-1996　芸術家

1911 年（明治 44）漫画家の岡本一平、歌人・小説家の岡本かの子の長男として川崎市に生れる。

東京美術学校（現・東京藝術大学）西洋画科に入学後、1929 年（昭和 4）父・一平の取材旅行に同行し、一家でパリへ。（太郎は 1940 年（昭和 15）までパリ在住）帰国後、自身の創作活動のみならず、執筆・テレビ出演なども積極的にこなし「芸術は爆発だ！」など流行語を残す。前衛芸術の推進者。代表作は多いが、1970 年（昭和 45）大阪万博の「太陽の塔」が有名。

柳田国男の功罪

鶴見和子が、柳田国男の学問について、かつて、こんなことを発言したことがある。柳田は、日本列島に住まいする現代人のこころのうちに「原始人的なるもの」が残存していて、それを上手にテコとして利用すれば、近代人を超克することが可能となるし、日本社会構造の表皮を改造、変革することができると。

その場合、鶴見がいう「原始人的なるもの」を心中に宿しているのは、柳田学のキー・ワードともいえる常民であるとのことだ。つまり、彼女はこの常民たちが、社会改革、社会変動等について強力な役割を果してきたし、今後とも果してゆくだろうとの確信を持っているという。

柳田は、たしかにこれまでの歴史叙述が、英雄の伝記や政治的大事件の羅列に終始していたことに対して、民衆の生活の足跡を探ろうとしたのは事実である。しかし、そのことが、われわれのなかに潜んでいる「原始人」の発掘につながるのか。この鶴見の柳田学評価に対し、私は少し疑問を抱かざるをえないところがある。

彼女がいうところの「われらのうちなる原始人」とは、どのような人間像をいうのか。歴史の表舞台に登場し脚光を浴びることなく、屈辱的日常を営々として生き、歴史を支えてきた民衆、つまり柳田のいう常民の生活に足をふみ入れようとした柳田の学問は素晴しい。しかし、それが「うちなる原始人」の発見にすんなりとは結びつかないないのではないか。

　次のような苦言を呈する人もでてくるというものだ。

> 「たとえば柳田の偉大さを『原型へさかのぼって社会と文化を考え、原初的心性が高度近代社会に根深く生きて、しかも社会に対する、一種の賦活力をもつと論じる点』にあるなどという鶴見和子の評価（鶴見「国際比較における個別性と普遍性」「思想の科学」一九七一年十一月号）に対して、私はかなりの違和感をもつ。すなわち原型とか原初的心性などというならば、後期旧石器時代はまだ無理としても、せめて縄文にまでさかのぼってほしいと思うからである。鶴見のいう現代に対する『賦活力』なら、弥生でなく縄文こそ、ふさわしいのだ[1]。」

いうまでもなく、柳田の民俗学は、山人研究を嚆矢とする。『遠野物語』、『後狩詞記』、『山人外伝資料』など、稲作民にあらざる山人たちの世界、山の神秘世界を描こうとしたものである。稲を携えて後からやって来た民族に追いやられたこの先住民の子孫に、柳田は限りない同情、憐憫の情を寄せているように見える。それどころか、柳田自身が異常に山中に入るのが好きだったり、平地人に遭遇しただけで恐怖を覚えることなどを重ね合わせると、自分も山人の子孫ではないかと思ったりするといっているのだ。

このようなところだけを拡大してゆけば、柳田は農本社会に対し厳しい闘いを挑んでいるかのような印象を与える。つまり山人の側に立って農本社会を敵視しているかのようにも思えてくる。

しかし、その関心のありよう、注目の仕方というものが、こころの底から山人、漂泊人救済の視点に立ったものかどうかについては、私は大いなる疑問を持っている。

山人に対する同情や憐憫は多く見られはするが、それは農本的天皇制国家の内側に立脚した役人の眼であり、研究者の眼であり、その国家の要人のこころである。その眼やこころが珍怪なものを覗いているような気がしてならない。そして結局は、いろいろな事情が介入したが、ついに彼の学問の領域は稲作の世界に落ち着くのである。

私はここで柳田学の遺した偉大な功績を、いささかも否定するつもりはない。ただその学問が、稲作民の長年の習俗のなかに、日本常民の精神、伝統的精神を見、それをもって日本列島における日本文化の総体とすることによって、究極的には農本的天皇制国家を正当化するために大いに役立ったということをいいたいのである。

岡本太郎と縄文土器の出会い

大和中央文化、農本的天皇制国家の文化の中心ともいえる稲作文化をどこまでも正当化しようとする文化論、日本人論に対し、そういうものとは違う異質の文化、異質の美に注目した人がいる。その一人が岡本太郎である。

稲作文化の世界で通用する尺度では、はかることのできない縄文の文化に彼は注目した。「岡本太郎年譜」(岡本敏子・齋藤愼爾責任編集『岡本太郎の世界』小学館、平成十一年十一月)によると、昭和二十七年のところに、こう記されている。

「前年末に東京国立博物館ではじめてふれた縄文土器から受けた衝撃を、二月、『縄文土器論』として『みづゑ』に発表。美術史で無視されていた縄文の美を指摘し、その後、様々な縄文論に強い影響を及ぼす(2)。」

周知の通り、岡本は若き日をパリで過した。昭和四年に父母(岡本一平、かの子)とともに渡欧し、昭和十五年までを、そこで暮した。彼が学んだものは絵画だけにおさまらず、哲学、社会学、心理学、人類学と多方面におよんだ。この時、岡本はヨーロッパの近代的「知」の世界にはまっていたといってよかろう。レヴィ＝ストロース、レイモン・アロン、バタイユ、ロジェ・カイヨワなどとの交流もあった。

このパリでの岡本の体験と縄文土器との出会いの間に必然性を見ようとする人もいる。近代的「知」に触れていたがゆえに、その対極にある縄文の世界に憧れを持ったのだと。確かにヨーロッパ的「知」の世界に飽きたらない人たちが、非ヨーロッパの原初的世界に関心を寄せたように、そういうことも一応認めるにしても、私は岡本が縄文土器に行き着くのは、なによりもまして彼の肉体のなかに宿っていた本能というか、直観のようなものがあったからではないかと思っている。いわば岡本の身体を流れる赤い血がそうさせたのだと思う。縄文土器との遭遇は、偶然だったと彼は次のようにのべている。

「実は、この時、昭和二十六年だったが、上野の国立博物館で偶然の機会にぶつかるまで、私はこんなもの凄い美が日本文化の根底にあったとは、全然知らなかったのだ。芸術家の家庭に育ち、画家になるため美術学校にも入った。当然、美術史も学んだが、縄文土器などというものは一かけらも出て来なかった。縄文文化は美としてはまったく無視されていたからだ。私が発見したのも、博物館の、先史時代の棚の片隅に、石器などと一緒にただの発掘品として、味もそっけもなく、置かれていただけ。まったくの偶然の出会いだった。(3)」

「味もそっけもなく」置かれていた縄文土器を見た時、岡本は体内に電流が流れるほどの戦慄を覚えたという。

その時の驚きを彼は次のようにのべている。

「荒々しい不協和音がうなりをたてるような形態、紋様、そのすさまじさに圧倒される。はげしく追いかぶさり、重なりあって、突きあげ、下降し、旋回する隆線紋（粘土を紐のようにして土器の外がわにはりつけ、紋様をえがいたもの）。……（略）……いったい、これがわれわれの祖先によって作られたものなのだろうか？ これらはふつう考えられている、なごやかで繊細な日本の伝統とはまったくちがっています。むしろその反対物です。だから、じじつ、伝統主義者や趣味人たちにはあまり歓迎されないらしい。[4]」

「これがわれわれの祖先によって作られたものなのだろうか」といって驚愕した岡本の心中には、日本列島に住まいしながら、列島人の伝統とは異質の眼やころを持った人間がいたことを暗に認めるところがあったのかもしれない。縄文土器に触れた岡本は、日本のこれまで伝統芸術だといわれてきたものに幻滅と激しい怒りを抱いたのである。

考古学の対象ではあっても、美術史の対象とはならなかった縄文土器に岡本は高い美的価値を付与したのである。

従来、金科玉条のごとくに認められてきた伝統芸術と称されたものと、この縄文土器との間に彼は断絶を見た。彼は思わずこう発言したのである。

「たしかにそこには美の観念の断絶があるようです。一時は、これは現代日本人とは異なった人種によってつくられた、べつの系統の文化ではないか、と考える学者もあったくらいです。弥生式土器や埴輪などには、現代に直結する、いわゆる日本的感覚がすなおに汲みとれます。だが縄文式はまるで異質で、ただちにわれわれと結びつけては考えられない。(5)」

岡本の「縄文」と島尾の「奄美」

現代人の美的観念とか、芸術的視点といったようなものからは、およそかけ離れた、否かけ離れたというよりも、無関係、異質と思われるものが、この日本列島に残存していたということは、いかなる謂か。

岡本は、日本列島のなかに、いわゆる日本の伝統文化とは似ても似つかない世界を覗いている。この縄文土器を生む、もう一つの日本があったということでもある。これは日本文化の相対化の一つの契機となる。
これは作家島尾敏雄が、しばらく奄美で暮しているうちに体感したものと似かよっている。彼は奄美の風俗、習慣が農本的天皇制国家のなかにおける日本人のそれとは異質のものであることを発見したのであった。彼はその時、こういったのである。

「奄美の生活の中で感じはじめた、本州や九州では味わえなかったものを私はいくつか体験し、それに或る酔いを感じた。ごくわずかなものを具体的にとり出していえば、民謡の旋律や集団の踊りの身のこなし、会釈の仕方とことばの発声法等……の複合の生活のリズムのようものが私を包みこみそして酔わせた。でも、それは異国のそれではなく、本土ではもう見つけることは困難になってしまったとしても、遠くはなれた記憶の中でひとつに結びつくような感応をもっているとしか思えないものだ。本州や九州に於いて祭やアルコールのたぐいで意識を解放させたときにあらわれてくる、日常の日本とまるで似つかわしくない放散はいったい何だろう。(6)」

従来、日本列島で継承されてきたものとは異質の世界に島尾は驚きをかくせなかったのだ。

農本的天皇制国家のなかで醸成されてきた日本文化の連続性というものを、断ち切る視点を島尾も岡本も提起しているように私には思える。

岡本に話を戻すが、これまで、もっともらしく語り継がれてきた大陸やヨーロッパから直輸入されたもの、あるいはその尺度でもって評価されてきたものを破壊するエネルギーを岡本は持つにいたる。

縄文時代を「前史」として、日本の「正史」から切り捨ててきた倭人の歴史を相対化する試みともいえよう。

これは吉本隆明が、日本の天皇制国家を相対化する一つの道として、天皇制国家の宗教的権威が確立する以前の歴史の究明が必要だとしたことと通底している。

つまり吉本は、天皇制国家の歴史よりも、はるかに長い歴史をもっている天皇制国家以前の歴史、いままで空白の時代とされてきたものの生活史を一つひとつ掘りおこす作業が是非とも必要だというのである。その作業によって天皇制国家が持ち続けてきた宗教的権威が相対化できるのではないかという思いを抱いているのである。

さらに吉本はこうもいう。

「本来的にいえば、わが南島が本土と合体する必須の条件は、住民自身によって天皇（制）以後の本土中心の歴史を、相対化すべき根拠をみずから発掘することであるといえる。(7)」

岡本がそのことを意識していたかどうかは別として、彼の縄文土器への志向は、農本的天皇制国家が形成してきた文化を絶対化しないものであった。

偶然性が生む「祈り」と「美」

縄文土器の神秘性、不思議さに注目した岡本は、このような土器の生れてくる生活基盤について言及することになる。縄文土器を生み出す土壌を、岡本は狩猟文明に置いた。稲作農耕文明とは決定的に異なるものだという。彼は狩猟生活全般の偶然性ということに大きなポイントを置く。想定された世界で展開される農耕生活に対し、狩猟生活を彼は次のように位置づける。

「ところで猟はとうぜん、いつも望みのままの獲物がとれるとはかぎりません。おもしろいように大猟のときもあれば、獲物の影一つ見ないシケもありましょう。不猟はただちに飢を意味するし、生命の危機です。それと反対に、大猟は歓喜であり、祭りです。そこにたえず動揺と神秘がひそみます。[8]」

しかも、人間と獲物との関係は、食うか食われるかの格闘が日常となる。農耕の場合、自然依存からくる災害、凶作というものはあるが、おしなべて一年間の生活は保障されている。したがって、「安定と均衡、節度と従順、必然と依存の意識が世界観をささえる[9]」ことになると岡本はいう。

この世界が平面であるのに対し、狩猟は平面のほかに空間というものが重要となる。また、眼力、聴力、臭覚、皮膚感覚など、肉体全体を通しての活動、反応が必要となる。そこには静と動の混同した世界が展開されることになる。獲物に出合うかどうかは、まったくの偶然である。したがってそこには、祈り、呪術が生れ、それらに依存しながら捕獲を夢見ることになる。捕獲の対象物であるはずの、他の動物も、近代人が考えるような対象ではなく、両者は一体なのである。対象物は尊敬に値し、神となる。熊や鹿は神であり、その肉を食すことによって、その霊を人は体内に宿す。縄文人、狩猟人はそういう意味で敬虔な宗教者でもあった。このような縄文人独特の生活という社会的背景のなかから、縄文土器は生れる。

岡本は、具体的に縄文土器のかたち、紋様について言及する。まず彼は隆線紋についてこうのべている。

「縄文土器のもっとも大きな特徴である隆線紋は、はげしく、するどく、縦横に奔放に躍動し、くりひろげられます。その線をたどってゆくと、もつれては解け、混沌にしずみ、忽然と現われ、あらゆるアクシデントをくぐりぬけて、無限に回帰しのがれてゆく。弥生式土器の紋様がおだやかな均衡の中におさまっているのにたいして、あきらかにこれは獲物を追い、闘争する民族のアヴァンチュールです。[10]」

静穏な空気はなく、予測不可能性、不安定のなかで、次々と繰り広げられる激しい情動、狂気と乱舞、苦渋と歓喜、そして祈り、これは、もはや法則性、予定調和を無視した世界であり、躍動する情念が火花を散らす世界である。このような世界にこそ、美があると岡本は断言してはばからない。

人間疎外の原点と岡本がいう稲作農耕の世界の基準からすれば、無鉄砲で、無軌道で、まったく、でたらめな世界ということになる。岡本はさらに続けてこうもいう。

「さらに、異様な衝撃を感じさせるのはその形態全体のとうてい信じることもできないアシンメトリー（左右不均斉）です。それは波長であり、ダイナミズムです。その表情はつねに限界を突きやぶって躍動します。……（略）……そびえ立つような隆起があります。するどく、肉ぶとに走る隆線紋をたどりながら、視線を移してゆくと、それがギリギリッと舞いあがり、渦巻きます。とつぜん降下し、左右にぬくぬくと二度三度くねり、さらに垂直に落下します。とたんに、まるで思いもかけぬ角度で上向き、異様な弧をえがきながら這いのぼります。不均衡に高だかと面をえぐり、切りこんで、また平然ともとのコースにもどるのです。[11]」

これは狩猟の瞬間に見せる人間の心理と行動のようにも思えてくる。幾何学的繊細さが満ちあふれていようと、均斉がとれていようと、それがなにになるというのだ。獲物との生命を賭した格闘は、そのようなもので完結するものではない。近代的美術観によって毒されてしまった人たちには、もうこういう世界は遠い遠いところに去ってしまっている。

芸術家 岡本太郎の思想

岡本は、さらにこの縄文土器の空間性に大きな特徴を見ている。猟そのものが、きわめて空間的なものであることを指摘して、岡本はこういう。

「狩猟期に生きた人間の感覚は、きわめて空間的に構成されているはずです。獲物の気配を察知し、しかも的確にその位置をたしかめ、つかむには、鋭敏な三次元的感覚がいるにちがいない。それによって生活した狩猟期の民族が、われわれの想像をはるかに越えた、するどい空間感覚をそなえていたことはとうぜんです。そういう生活なしには縄文土器のあのように的確、精緻な空間のとらえかたは考えられません。[12]」

幅、長さ、高さを瞬時にキャッチし、それに対応する鋭敏な感覚が必要となる。岡本は、この三次元的感覚では、まだ満足しない。縄文期における狩猟生活者の心性の根源は呪術にあるという。縄文期は宗教世界である。呪術に依存せずして全生活が成立しない。人間の力をはるかに超えた巨大なものによって人間は生かされているという謙虚な自覚が縄文人にはある。近代人の発想からは想像不可能な世界である。人間と他の生物との関係も、近代人の発想をはるかに超えたところにあった。捕獲した動物を家畜化して支配するなどという行為は、狩猟民族のものではない。人間と動物は格闘するが、両者の関係は対等である。

岡本は、こんなこともいっている。

「つまりある種族の人間が、同時に、自分はカンガルーであると信じこんでいる。彼らはそこになんら矛盾を感じないのです。プレロジック、つまり前論理的思考です。獲物である一匹のシカが、一個の石、土偶、あるいは一人の人間――それはもっと抽象的事物でもかまわないのです。――であるかもしれない。原始人はその特定の結びつきをうたがわない。してみれば、シカをとらえたかったら、ある石か土偶に呪術をもってはたらきかけ、それをとらえればよいのです。われわれの考えかたでは、たとえば一匹のシカが石であるためには、神秘の媒介がなければなりません。しかし、彼らにはそのような意味の神秘観はありません。つまり、媒介なしに直結しているのです。[13]」

このように岡本の心情は、近代的「知」の領域をはるかに超え、縄文人のそれと重なっている。岡本も呪術の世界に生きている。対象化し、分子、原子に細分化して、のちにそれを総合するといったような科学的方法では、縄文土器の美はわかるまい。彼にとって芸術は呪術なのである。われわれがいうところの宗教とは異質の宗教的世界に岡本はいる。したがって、縄文土器を実用品としてのみ見ることを拒絶する精神が生れる。

岡本は芸術家であるが、思想家でもある。彼の縄文への志向を、日本回帰だと評する人もいれば、日本の古層文化に注目することによって、超近代を志向したという人もいる。日本回帰や古層文化への着想が、外在に抗してゆく契機を持つことはいうまでもないが、「回帰」や「古層」というものが、西欧的近代「知」によって、その尺度がつくられるなら、それは近代化の過程で生じる一つの節目にしかならないであろう。

思想の根源となる土壌に測鉛をおろすことなく、回帰だの古層だのと叫んでみても、それは支配の安っぽいイデオロギーの餌食になるしかない。

日本文化の古層に照明を当てたとされるものに、柳田国男の民俗学がある。その偉大な学問的業績に対し、誰もそれを否定する者はいないであろう。しかし、私はこの偉大な学問に対し不満を持っている。一言でいえば、日本近代国家形成にとって、それを支えるものとしての古層、原点を、稲作文化のなかに探るという方向が、柳田の学問ではなかったのかという不満である。

岡本の場合は違う。

彼は縄文と稲作の間に断絶を見ているし、両者は異質のものだという。縄文人と弥生人の違いは土器を見ればわかる。その違いは明らかなのだが、近代的視点をもって縄文を観察するから、それは遅れているとか未発達、未成熟のものということになり、縄文土器は遅れた文化の残骸ということになってしまう。弥生的文化にとって、異質で不可解なものであった縄文文化は排除され、消滅せられる方向で語られる。弥生の一方的勝利と、縄文の一方的敗北が語られ、縄文は「前史」としてかたづけられていった。

谷川健一は、この「前史」について、次のようにのべている。

「これまでの日本の歴史は弥生時代以前にさかのぼることはなく、縄文時代の歴史は、『前史』として、それ以降の歴史から切り離された。……(略)……わが国の『正史』の筆頭である『日本書紀』は『社史』のようなものである。そこでは皇祖が大和島根の支配者であることが、ア・プリオリに宣せられている。つまり、ヤマト朝廷の主権が確立するまでの『前史』が欠落している。そこにはおのれの対立者を正当に扱い、対立者との葛藤を公平に叙するという姿勢は見当らない。[14]」

縄文への照射とその位置づけは、これまで弥生以降のみを歴史として語られてきた日本文化史上における革命ともいうべきものであろう。ここに注目する岡本の視点は、柳田国男らの目線、体質とは一味違うものといえる。
民俗学という学問の重要な役割の一つとして、非国家、あるいは前国家のなかに生きる民衆の日常を正確にキャッチし、日本人のありようを、足の裏から覗こうとする視点がなければならぬはずであるが、多くの場合、民衆の実生活、心情への照射、発掘と称しながらも、何ものかのために、その一領域、一部分だけをすくいあげ、拡大し、偽造にちかい日本人像形成に協力し、常民の学と豪語している。(もちろん例外者もいる)
縄文土器のなかに縄文人の魂を発見した岡本は、それまでの近代的「知」という枠組みを破壊したともいえよう。迷妄、神秘、呪術、祈り、不均衡、不安定といったものを人間生活の前面に出し、安定、均衡、進歩、合理といったものを絶対視する世界からの脱却を試みたのである。それまで強要されてきた、支配者の倫理、道徳、常識などにとらわれることのない原始宗教に岡本は人間の本源的生命力を見出したのである。
岡本には近代的「知」というものに対する根源的懐疑があると同時に、農耕文化というものと体質的に合わないものがあるようである。それは何故か。一言でいってしまえば、農耕文化の日常にはこじんまりとした安定ばかりが優先し、狂気性、呪術性、爆発性といった突発的エネルギーの発散がないからである。彼は不安定、不均衡、偶然のなかに己を常に置いておきたいのである。

岡本の発言を聞いてみよう。

「農耕社会は蓄積を前提とする。種をまき、収穫を待って、じっくり貯めている。その計画性は生命の保全の条件だ。投資信託みたいに、じいっとさからわないで待っていれば、財産がふえるであろうという——これは、ちょっと言いすぎかもしれないが、ああいうのは何か、わたしにはピンとこないのだ。そういう根性こそが人間を堕落させたのではないか。忍耐力と、システマティックな労働の持続だけが要求される世界では、人間は偶然に賭けることをしない。生命力のほとばしるまま、無目的に爆発し、危険をおかすという、自由の表情はない。逆に、そんな奔放、自由を抑えてしまうのだ。ここでは均衡が美徳なのである。一人の人間のアヴァンチュール、可能性は、むしろ危険視される。(15)」

農本的天皇制国家のなかで、これを支える忠良なる人間の養成が課題となり、労働が強要され、労働のみが美徳となり唯一の価値とされ、苦悩のなかでの自虐的な生き方が、神聖な人間の姿として描かれた。

明治以降になっても、ヨーロッパに較べ、日本の資本主義は遅れてスタートしたため、これを挽回し、比肩しようとして低賃金、長時間労働という過酷な条件が、労働者に課された。この工場労働者も、もとは農村からの流出者であり、農村で養われた労働観はそのまま継承されていった。

このように強制的に固定化された生活内容に較べ、狩猟生活は、不安定、緊張感のなかではあるが、他の動物たちとの血の交歓があり、ロマンチシズムがあると、岡本は次のようにいう。

「動物と闘い、その肉を食み、人間自体が動物で、食うか食われるか、互いにイノチとイノチの間をきりぬけ、常に生命の緊張を持続させながら生きて行く。このいのちの交歓の中に、動物と人間という区別、仕切りはなかった。あの残酷なロマンティスム。動物だけではない。自然のすべて、雨も風も、海も樹木も、あらゆるものと全体なのである。縄文土器の戦慄的な魅力もそこにある。実体と空との区別をしない空間の捉え方。えぐられ、いだかれた空間自体が、まさに実体の重みをもっている。うらやましい世界観だ。私はこの方に猛烈な共感をおぼえる。(16)」

与えられた枠の内で、忍耐さえしていれば、なんとか生きられるといった空気に、岡本の精神はなじまない。

岡本太郎にとっての伝統

伝統的文化とか伝統的美意識ということが、これまで、なにか高尚なものとして、頻繁に肯定的意味で使われてきたが、岡本はこういうものに対し、いかなる立場に立っているのか。彼はことさら伝統というものを否定的に考えているのではないが、近代主義者たちが軽々に伝統という概念に依存し、ペダンティックに、そして権威ありげに使用してきていることに対し、強烈な怒りを抱いているのである。彼らは自分の力量のなさを伝統という権威を借りて補っているのだという。

やれ法隆寺だ、唐招提寺だ、やれ仏像だ、仏画、仏具だというけれども、これらはもとをただせば外来文化の輸入、模倣にすぎない。近代以降になって、余りにも西欧文化の偏重に対し、官僚や学者たちがアジアの文化を対抗的にもちだしたものにほかならないと岡本はいう。それらはいずれにしても、われわれの血のなかから、あるいは土のなかから湧水のごとく生れたものではなく、こういった軽薄にして単調なものを伝統主義と呼ぶ。

伝統と伝統主義の間にみる断絶を岡本はこういう。

「私は何かと云えば伝統をかさにきて、権威ぶっている連中、それが『現在』を空しくしていることに我慢ができなかった。伝統と伝統主義とはまったく違う。伝統は過去に頼ることでも、パターンを繰り返すことでもない。いつでも新しく、瞬間瞬間に生まれ変わり、筋を貫きながら現在に取り組むこと、それこそが伝統を創るのだ。[17]」

いわゆる伝統主義者ほど、伝統というものをないがしろにしている者はいない。真に守るべきものを探ることもせず、西欧の近代「知」を借りて、文化、芸術の伝統といっている評論家どもが、岡本には許せないのである。

近代主義的伝統主義者たちが、勝手につくりあげた伝統のなかで、いかほどのものが、自分自身の生活感動のなかから湧出してきているであろうか。
こう考えるのは、なにも岡本の独占物ではない。ここで、哲学者三木清を思い起こすのは私一人ではあるまい。彼は伝統主義者の誤り、伝統と創造の深い関連、遺物と伝統の違いなどに触れていた。次のようにいっているのだ。

「伝統は我々の行為によって伝統となるのであり、従って伝統も我々の作るものであるということができる。創造なしには伝統なく、伝統そのものが一つの創造に属している。伝統となるものも過去において創造されたものであるのみでなく、現在における創造を通じて伝統として生きたものになるのである。[18]」

「いわゆる伝統主義者は伝統が現在の立場から行為的に作られるのであることを忘れ、かくして遺物を伝統の如く或いは伝統を遺物の如く考えるという屢々誤謬に陥っている。[19]」

昭和二十五年に法隆寺金堂が火災に見舞われ、壁画が焼失したことに対しても、岡本は冷やかに〝法隆寺は焼けてけっこう〟といい、〝自分が法隆寺になればよい〟という。法隆寺の火災など、そう大きな問題ではないし、焼失したものを嘆いて、泣いてみたってどうなるものでもあるまい。「私は嘆かない。どころか、むしろ結構だと思うのです。このほうがいい。今までの登録商標つきの伝統はもうたくさんだし、だれだって面倒くさくって、そっぽを向くにきまっています。戦争と敗北によって、あきらかな断絶がおこなわれ、いい気な伝統主義にピシリと終止符が打たれたとしたら、一時的空白、教養の低下なんぞ、お安い御用です。[20]」

形骸化した伝統など破壊され、霧散して、日常の真の感情を受容すればいいというこの大胆不敵ともとれる岡本の発言に、きわめてちかい無頼派と呼ばれた一人、坂口安吾がいる。伝統主義者たちがつくってきた権威という権威を坂口もぶちこわしにかかった。岡本と同様、法隆寺などなくてもかまわぬという。ブルーノ・タウトが惜しみなく賞賛した桂離宮など不必要だと痛烈な攻撃を加えている。現実の日常に重きを置き、生活というものに拘泥して安吾はこういう。

「京都の寺や奈良の仏像が全滅しても困らないが、電車が動かなくては困るのだ。我々に大切なのは『生活の必要』だけで、古代文化が全滅しても、生活は亡びず、生活自体が亡びない限り、我々の独自性は健康なのである。[21]」

これまで、いろいろと理屈をつけては賞賛されてきた日本文化の伝統に対し、坂口はまったく違う尺度を提示しているのである。彼の美に対する視点は、現実生活を基盤に置くところに生れるものであった。日本の伝統主義者が聞けば恐らく驚きのあまり卒倒するであろうようなものに坂口は美を認めるのである。例えば彼は次の三つをあげている。その一つは「小菅刑務所の建物」であり、次は「ドライアイスの工場」であり、三つ目は「軍艦」であった。こういうものがなぜ美しいのか。坂口はこうこたえる。

「この三つのものが、なぜ、かくも美しいか。ここには、美しくするために加工した美しさが、一切ない。美というものの立場から附加えられた一本の柱も鋼鉄もなく、美しくないという理由によって取去った一本の柱も鋼鉄もない。ただ必要なもののみが、必要な場所に置かれた。そうして、不要なるものはすべて除かれ、必要のみが要求する独自の形が出来上っているのである。[22]」

これまでの不必要な日本の伝統文化に坂口は、実に謙虚な反省をもとめているのであるが、その根底にある想念は、従来の伝統的美意識の否定を主張する岡本のそれと符合する。

話を岡本に戻すが、彼はいわゆる伝統主義者がとりつかれている枠から脱却するには素人の眼が必要だという。専門家と呼ばれたり、玄人と呼ばれたりする評論家に、彼は縄文精神の欠落を見る。彼らには様々なプライドが優先し、透明度が低い。本物を素直に見抜く力が希薄になっているという。

「素人こそほんとうの批評眼を持っているはずです。玄人はいろいろなことを知っています。約束ごと、イワク因縁、故事来歴。そんなものを知っていればいるほど、彼らはそれにひっかかり、本質にふれなくなる。つまり彼らは鑑定家であるにすぎないのです。名所旧跡の立札係にはけっこうですが、そのまま芸術の領域にまで立ちいられたのではかなわない。[23]」

ここで岡本が素人といっているのは、幼児であってもいいし、縄文人、原始人であってもいいと私は思う。要するに、塵芥にまみれていない濁らぬ瞳を持ち、邪心なき者のことをいっているのだ。

近代的知識人と称される人たちが、わずかな知識をひけらかし、居丈高に、昔は良かったが、今はダメだ！　とつぶやきながら、若者の喧噪を堕落の極限、狂気の沙汰ときめつけている文芸評論家などを岡本は許さない。

宮沢賢治と岡本太郎

これまで何度も主張してきたことであるが、あれほど現実世界にあって、農民に自分を投入し、死力を尽くした宮沢賢治が、時おり見せる非稲作の世界、つまり縄文の世界への熱い思いを、私たちはどう評価すべきかということは、いまもって大きな問題である。

一人淋しく田園に佇み、肩を落し、苦渋に満ちた賢治の姿も一つの絵になるが、他の動物と一体となって、野山を駆ける山人の勇姿こそ、賢治にはふさわしいような気もする。

表面だけのことではない。彼の心中深くに、そういう雰囲気をかもしだす源があるように私には思える。山中に存在する聖なるもの、神秘なるものに、彼は身体全体で触れることができた。彼自身が聖人であるといってもいい。

つまり、無意識のうちに彼の精神は、遠い遠い稲作以前の狩猟の文化、縄文の文化に共鳴しているのだ。

賢治は、ヨーロッパ近代から多くのものを学んではいるが、はじめから自然を征服することをもって文明の進歩と考える精神を是とすることはなかった。

自我の拡大が近代化の方向であるとするならば、賢治は逆の方向を向いている。自我の縮小、消滅の方向へ歩もうとする。縄文の文化は、生態系の維持が絶対的価値となる。しかもその維持は、ことさら力を入れてそうするものではなく、ごく自然のかたちであった。賢治は、稲作民が、そして近代人が飲まされてしまった毒を飲むことなく、原初の世界に飛翔することができた。風や光、土や草たちの霊のつぶやきが、賢治には聞こえている。他の動物たちとの交信もある。そうでなければ、あの『注文の多い料理店』の「序文」も、『なめとこ山の熊』も、『鹿踊りのはじまり』といった作品も生れるはずがない。生活の場をほとんど東北岩手に置いていた賢治は、この土地の深層から湧出する空気を己のものにしていた。縄文の血を体内に宿していたということである。大自然と一体となって、はじめて己の存在があることを認識するとともに、賢治はこの世を修羅の世界と見た。この修羅の世界から脱出するには、己の生命を他者に投げだす以外にない。つまり、贈与と自己犠牲しかない。『よだかの星』にしても、『グスコーブドリの伝記』にしても、さきにあげた『なめとこ山の熊』にしても、そういう世界である。

『なめとこ山の熊』に登場する猟師、小十郎は、熊を撃ち、その肝や毛皮を売って生きている。生活手段がほかにない小十郎には、それ以外に生きる道はない。その事情を彼は熊に話しかけ、誠意をこめて謝罪している。また、小十郎がしてやられる時、熊が発した〝申し訳ない〟という声を彼は聞いている。

イヨマンテという祭りがあるが、自らの手で丁重に養った熊を殺しその肉を食う。この熊殺害という行為を正当化する宗教的儀式である。熊の霊が天に返されるのであるが、賢治はここで小十郎の霊を熊たちが天上に返すセレモニーにしている。小十郎は菩薩になっている。

小十郎が他界して三日が過ぎた夜の話であるが、「結び」の文章はこうなっている。

「まるで氷の玉のやうな月がそらにかかってゐた。雪は青白く明るく水は燐《りん》光《くわう》をあげた。すばるや参《しん》の星が緑や橙《だいだい》にちらちらして呼吸をするやうに見えた。その栗の木と白い雪の峯々にかこまれた山の上の平らに黒い大きなものがたくさん環《わ》になって集って各々黒い影を置き回々《フィフィ》教徒の祈るときのやうにじっと雪にひれふしたまゝいつまでもいつまでも動かなかった。そしてその雪と月あかりで見るといちばん高いところに小十郎の死骸《しがい》が半分座ったやうになって置かれていた。思ひなしかその死んで凍えてしまった小十郎の顔はまるで生きてるときのやうに冴《さ》え冴《ざ》えして何か笑ってゐるやうにさへ見えたのだ。ほんたうにそれらの大きな黒いものは参の星が天のまん中に来てももっと西へ傾いてもじっと化石したやうにうごかなかった。[24]」

狩猟生活者にとって、獲物は仲間であると同時に敵でもあり、聖なる存在でもある。その聖なるものを倒し、その肉を食むしか生きられぬ、というところに祈りや呪術が生れる。岡本は賢治よりも、人間と他の動物の格闘を激しく描く。食うも食われるも、このことは太古より継承されてきた血の交歓であるというのだ。食うか食われるかはその時の運であり、偶然なのである。人間も血を流さずに、大自然との一体化はありえない。

ここには人間が科学技術によって自然界を対象化し、支配してゆくという発想はない。そうではなく、前論理的、非論理的、非合理的なものに重きを置くのである。呪術の世界への投身でもある。

近代的思考で覆いつくされている世界にあっては、呪術が主役になることはない。その思考を主軸にしているかぎり、呪術的なるものによって影響を受けるのは、近代的思考の未熟さからくるものであって、ファシズムや超国家主義の生れる源泉であるとしてかたずけられる。

それでは聞くが、ナチスがポーランドにつくった強制収容所、アウシュヴィッツのなかで行われたあの殺戮は近代的思考の未熟さがもたらした結果なのか。そうではあるまい。そこには近代科学の粋を集めた殺人場があったのではないのか。ただ殺すだけではない。衣類から眼鏡から義手、義足にいたるまで奪えるものはすべて奪い、また死人から金の入れ歯まで引き抜いた。ここは益するものはすべて奪い、効率優先の特殊工場という世界でもあったのだ。

デカルト以来の、自他の分離、自が他を対象化することによってはじまる近代的思考は、人間が他の生物を圧迫し、支配してゆくもので、人間に益するものだけに価値を与え、強者が弱者を抑圧してゆくことにつながってゆく。科学技術をもってヨーロッパが非ヨーロッパを植民地化してゆくことも、その延長線にあるものだ。この過程で、何度もこの抑圧から逃れよう、這い上ろうとした呪術的なるものは、そのたびに無気味なもの、邪悪なものとして潰されていった。

岡本はこの呪術をもって近代を撃ち、これまでの芸術を撃ったのである。岡本は芸術は呪術だという。この芸術観のなかに、近代的思考はなく、前論理的世界のなかで展開される。この呪術的こころこそが、人間と人間をとりまくすべてのものとの関係を根源的に結びつけるものであり、そこにおける呪術的祈りこそが、例の隆線紋をともなう縄文土器の姿、かたちを表現することになると岡本はいう。

予測不可能な世界で根源的渾沌のなかに生きる人たちは、量的拡大、増大とは無縁である。今日的尺度では理解されないことをもって芸術の本質とする。この神秘的不可視の世界のなかで、全宇宙の一員として人間は生かされているという自覚のなかに縄文人の精神を岡本は見ているのであろう。

注

（1）佐治芳彦『謎の縄文列島』徳間書店、昭和六十四年、一六七頁。佐治は次のようにもいう。「『遠野物語』に先行する『後狩詞記《のちのかりことばのき》』に展開された『山の民』――九州・椎葉の狩猟民についての研究をそのまま追求していったなら、彼は名実ともに日本のフレーザーになり得ただろうし、私たちも世界に冠たる柳田版『金枝篇』を手にし得たかもしれない。」（同上）

（2）岡本敏子・齋藤愼爾責任編集『岡本太郎の世界』小学館、平成十一年、二四九頁。

（3）岡本太郎「宇宙を翔ぶ眼」『宇宙を翔ぶ眼』〈岡本太郎の本（5）〉みすず書房、平成十二年、七頁。

（4）岡本太郎「縄文土器――民族の生命力」『日本の伝統』光文社、平成十七年、七三―七四頁。

（5）同上書、七四頁。

（6）島尾敏雄「ヤポネシアの根っこ」『ヤポネシア序説』創樹社、昭和五十二年、八―九頁。この件については、谷川健一の「〈ヤポネシア〉とは何か」『日本読書新聞』（昭和四十五年一月一日）参照。

（7）吉本隆明「天皇および天皇制について」『国家の思想』〈戦後日本思想大系（5）〉

筑摩書房、昭和四十四年、二二頁。
（8）岡本、前掲書、七九頁。
（9）同上書、八〇頁。
（10）同上。
（11）同上書、八〇―八一頁。クロード・レヴィ＝ストロースもこの縄文土器を次のように絶賛している。「人間の作った様々な文化のどれを見ても、この独創性に並ぶものがありません。縄文土器に類する土器はまったくないのです。古さにおいてもそうで、これほど昔に遡る土器の技術は知られておりません。またそれが一万年もの長いあいだ続いたことでも他にならぶ例がありません。とりわけその様式が独創的です。……（略）……非対称が多いそのコンポジション、豊かなそのフォルム、また鋸歯状の模様、縁飾り、突起、渦巻、くねった植物の曲線などが入り混じってできている立体装飾は、五、六千年前に飛び出した『アール・ヌーヴォー』（十九世紀末から二十世紀初めにフランスを中心に流行した、植物的曲線の多い装飾性の強い様式）とでもいうところです。」（「混合と独創の文化」『中央公論』昭和六十三年五月）
（12）岡本、前掲書、八四頁。
（13）同上書、九三―九四頁。

(14) 谷川健一『白鳥伝説』集英社、昭和六十一年、五二九―五三〇頁。
(15) 岡本太郎『神秘日本』中央公論社、昭和三十九年、一〇一―一〇二頁。
(16) 同上書、一〇三頁。
(17) 岡本太郎「自伝抄」『呪術誕生』〈岡本太郎の本(1)〉みすず書房、平成十年、二四三頁。
(18) 三木清『哲学ノート』中央公論新社、平成二十二年、二七頁。
(19) 同上書、二八頁。
(20) 岡本太郎「伝統とは創造である」『日本の伝統』光文社、平成十七年、五二頁。
続いて岡本は竜安寺をたずねた時の面白い話を載せている。「先日、竜安寺をおとずれたときのこと。石庭を眺めていますと、ドヤドヤと数名の人がはいってきました。方丈《ほうじょう》の縁に立つなり、『イシダ、イシダ。』と大きな声で言うのです。……(略)……彼らは縁を歩きまわりながら『イシだけだ。』『なんだ、タカイ。』なるほど。わざわざ車代をはらって、こんな京都のはずれまでやって来て、ただの石がころがしてあるだけだったとしたら、高いにちがいない。シンとはりつめ、凝固した名園の空気が、この単純素朴な価値判断でバラバラにほどけてしまった。私もほがらかな笑いが腹の底からこみあげてきました。」(同上書、五二―五三頁。)

(21) 坂口安吾「日本文化私観」『坂口安吾全集(14)』筑摩書房、平成二年、三五六頁。
(22) 同上書、三八二頁。
(23) 岡本、前掲書、五六頁。
(24) 宮沢賢治「なめとこ山の熊」『宮沢賢治全集(7)』筑摩書房、昭和六十年、六九頁。

主要参考・引用文献

岡本太郎『日本再発見』新潮社、昭和三十三年
岡本太郎『神秘日本』中央公論社、昭和三十九年
吉本隆明編集・解説『国家の思想』〈戦後日本思想大系(5)〉筑摩書房、昭和四十四年
明治大学出版研究会編『転位と終末』明治大学出版研究会、昭和四十六年
クロード・レヴィ=ストロース『野生の思考』(大橋保夫訳)みすず書房、昭和五十一年
島尾敏雄『ヤポネシア序説』創樹社、昭和五十二年
宮川透『近代と反近代』第三文明社、昭和五十二年
梅原猛『新版・日本の深層――縄文・蝦夷文化を探る』佼成出版社、昭和六十年

宮沢賢治『宮沢賢治全集（7）』筑摩書房、昭和六十年
谷川健一『白鳥伝説』集英社、昭和六十一年
渡辺豊和『縄文通信』徳間書店、昭和六十一年
クロード・レヴィ＝ストロース「混合と独創の文化」（大橋保夫訳）『中央公論』昭和六十三年五月
岡本太郎『自分の中に毒を持て』春秋出版、昭和六十三年
佐治芳彦『謎の縄文列島』徳間書店、昭和六十四年
坂口安吾『坂口安吾全集（14）』筑摩書房、平成二年
宗左近『日本美・縄文の系譜』新潮社、平成三年
鶴見和子『漂泊と定住と』筑摩書房、平成五年
岡本太郎『沖縄文化論――忘れられた日本』中央公論新社、平成八年
岡本敏子『岡本太郎に乾杯』新潮社、平成九年
岡本太郎『呪術誕生』〈岡本太郎の本（1）〉みすず書房、平成十年
岡本太郎『日本の芸術』光文社、平成十一年
岡本敏子・齋藤愼爾責任編集『岡本太郎の世界』小学館、平成十一年
岡本太郎・泉靖一〈対話〉『日本人は爆発しなければならない』アム・プロモーション、

平成十二年
岡本太郎『芸術と青春』光文社、平成十四年
大久保喬樹『日本文化論の系譜』中央公論新社、平成十五年
岡本太郎『日本の伝統』光文社、平成十七年
三木清『哲学ノート』中央公論新社、平成二十二年

橋川文三私見

橋川文三（ハシカワ ブンゾウ）1922-1983　**政治思想史学研究者**
1922年（大正11）対馬市に生れ、広島で成育。
1945年（昭和20）東京帝国大学法学部卒業。丸山真男の指導を受ける。
雑誌編集者などを経て1970年（昭和45）明治大学教授となる。
著作には『日本浪曼派批判序説』『昭和維新試論』などがある。

橋川文三ふたたび

昭和五十九年のことであるから、三十年ちかくも昔のことになるが、『日本読書新聞』（昭和五十九年二月二十七日）に、橋川文三（敬称略）を追悼する文章を書いたことがある。全文をここで引用するつもりはないが、およそ次のようなことを書いていた。

——大学で制度上直接指導を受けたことはないが、私は誰よりも橋川の影響を強く受けたような気がする。もちろん著作を通じてのことである。当時、私は農本主義に関する貧しい研究をしていた関係もあって、橋川の著作『日本浪曼派批判序説』におさめられている「日本浪曼派と農本主義」に、どれほど刺激を受け、教えられたかわからない。いまでも全文を暗記しているほどである。

戦後デモクラシーのなかで、日本浪曼派とか、農本主義にたいする批判は、勇ましくはあるが、その多くは血の通わない表面的攻撃に終始し、内面を剔抉するようなものは皆無にちかかった。そのような状況のなかで、橋川の著作は、多くの人のものとは異質な感じがした。自分と闘い、自分の体験を普遍化し、なにかしら本物で、人の魂を揺り動かすもののように思えた。——

当時の追悼文を少しだけそのまま引用しておきたい。

「橋川さんの権藤成卿と保田與重郎の比較(権藤のいう『プロシア式国家主義』とは、保田における『文明開化』主義の同義語であり、その担い手としての『官僚』政治に対する農本主義の批判は、保田においては、『唯物論研究会』を含む『大正官僚式』の『アカデミズム』批判としてあらわれたといえよう。)からも多くのヒントをあたえられた。」(同上紙)

私は最後に次のように書かざるをえなかった。

「なにを書いたって遠くおよばぬ私ではあるが、できれば橋川さんのひざのあたりまでよじのぼり、くらいついてみたいものだと淡い夢を追ってはいる。」(同上紙)

この追悼文を書いてから、およそ三十年という歳月が経過しているが、いまもって、私の気持ちは変ってはいない。変っていないということは、いまだ橋川のひざのあたりまでも到達していないということになる。追いかけても、追いかけても、私の手の届かぬところに彼はいる。

私も馬齢を重ね、古稀も過ぎた。橋川よりずっと長く生きている。死期も確実に迫っている。腹のなかに橋川の教えを大事にしながら、私なりの仕事をしてきた。一度このあたりで、橋川についての私の思いを綴ってみたい。そういう衝動にかられる。

若い人が橋川論を書いている風景がある。若くなくては書けないものもあるし、若いから書けないということもある。そんなことはどうでもいいことで、その人の情熱と問題意識で書けばいいと私は思っている。私は若くはない。私なりのものを書くしかないのである。

日本浪曼派への接近

橋川文三を語るということは、日本浪曼派を語るということになるほど、橋川にとって、日本浪曼派は大きな意味を持っている。日本浪曼派の代表的人物は、いうまでもなく、保田與重郎であるが、この保田と橋川のいい意味での格闘が次々と展開されることになる。

橋川はなぜ日本浪曼派にのめりこんでいったのか。直接的には、戦後民主主義下における日本浪曼派批判に対する彼の疑念があると思うが、そのことは後にのべるとして、彼にはそうなる土壌ともいうべき事情があったのである。日本浪曼派は反日本近代の思想と通底している。橋川は広島から第一高等学校進学のために上京した際、まさしく反日本近代の感情を持たざるをえなかったのである。その時、橋川の目に映じたものは、日本近代の絶望的風景ともいうべき東京のイメージの破壊であった。

それまでに橋川が抱いていた東京という都市のイメージは、上品に洗練された、垢抜けた都会であり、それは、いわば近代都市の象徴でなければならなかったのである。

橋川の思いはこうである。

「奇妙な言い方になるが、私のイメージに描かれていた東京とは、それは全く別のものであった。私はそこに本ものの『近代』生活がある場所として東京を幻想していたのである。極端にいえば、そこに生活する人々の風貌・容姿までもが地方人のそれとはことなるような、そうした都会を空想していたのである。しかし、現実に見たこの都市は、誰かスマートな西欧人が言ったように『巨大な田舎』であり、自乗化された『地方』にすぎなかった。そのことを、私はほとんど第一印象で了解したといってもよい。」(「ロマン派へ接近の頃」『橋川文三著作集』1、筑摩書房、昭和六十年、二一六頁)

橋川にとっての東京は、まったくの期待はずれで、一口でいってしまえば、汚染された東京であり、偽物の近代が膨れあがったものでしかなかった。幻滅の悲哀にうちひしがれた彼は、少年時代に抱いていた西洋化に心酔する気持を高ぶらせていった。

橋川は、東京への失望と日本浪曼派との関係をこういう。

「こうした感じ方の中には、後から考えてみると、日本の都会生活、日本の近代化というものへの一抹の幻滅感が含まれており、そのことと、日本ロマン派的な心情への接近との間には、微妙な関係があることがわかるはずだが、もちろん、そのころの私は、日本ロマン派のことなど何も知らなかった。」（同上書、二一六頁）

西洋の文学、詩に心酔するという心情は、逆にいえば日本のそれらを軽蔑するという方向をたどることになる。この西洋傾斜の心情も日本浪曼派につながっていったと橋川はいう。

「こうした心情もまた、微妙な逆説によって、日本ロマン派的な批評精神への接近の契機をなしたはずである。日本の現実への軽蔑とアパシイそのものが、そのまままさに民族主義的なロマンティシズムのイロニイにほかならないということも、事後になってからならば理解することができるであろう。しかし、当時の私は、要するに何か未知の知識、新しい感情の形成を漠然と希求していた田舎出身の少年にすぎなかった。」（同上書、二一七頁）

直接的契機に論点を戻そう。

橋川は戦後デモクラシー下における、いわゆる近代主義的知識人による日本浪曼派の扱いについて、強い憤怒の念にも似た感情を持っていた。それは戦後行われた日本浪曼派批判の多くが、日本浪曼派の核心をつくものではなく、的はずれの攻撃に終始していたからである。

彼の『日本浪曼派批判序説』(昭和三十二年三月から雑誌「同時代」に掲載をはじめる)の「問題の提起」の冒頭に次のような文章がある。


「日本ロマン派の批判がいまごろ行われる必要があるかどうかは、人によって意見がことなると思われる。私の見たかぎりで、日本ロマン派の批判らしきものを含んだ文章は必ずしも少いわけではないが、しかし、一般的には、この特異なウルトラ・ナショナリストの文学グループは、むしろ戦後は忘られていた。それはあの戦争とファシズムの時代の奇怪な悪夢として、あるいはその悪夢の中に生れたおぞましい神がかりの現象として、いまさら思い出すのも胸くその悪いような錯乱の記憶として、文学史の片すみにおき去りにされている。」(「日本浪曼派批判序説」同上書、三頁)

戦後社会のなかで、日本浪曼派批判が論壇に浮上しなかったわけではない。しかし、その多くが、核心をついていない。つまりまともな問題提起がなされていないというのである。

日本浪曼派の代表格といってもいい保田與重郎に対する批判で、もっとも極端なものとして、橋川は杉浦明平のものをあげている。

杉浦は終戦後まもない昭和二十一年二月の「帝国大学新聞」第五十二号に、「我々はもうだまされない」という文章を載せている。

もうこれ以上はないというほどの激しい口調で、保田や浅野晃に罵詈雑言をあびせている。

「われわれは自分たちの力、自分たちの手で大は保田とか浅野とかいふ参謀本部お抱への公娼を始め、それらで笑を売ってゐる雑魚どもを捕へ、それぞれ正しく裁き、しかして或ものは他の分野におけるミリタリストや国民の敵たちと一緒に宮城前の松の木の一本々々に吊し柿のやうに吊してやる。」(『暗い夜の記念に』風媒社、平成九年、一〇三頁)

また、同じ年の三月十五日の『文学時報』第五号に、「保田與重郎」という次のような文を書いている。

「保田與重郎こそバカタンはもちろんあの悪どい浅野晃や亀井勝一郎さへ到底足許にも寄りつけぬ、正に一個の天才といふべき人間であった。剽窃の名人、空白なる思想の下にある生れながらのデマゴーク——あのきざのかぎりともいふべきしかも煽情的なる美文を見よ——図々しさの典型として、彼は日本帝国主義の最も深刻なる代弁者であった。」(同上書、一〇四〜一〇五頁)

さらに杉浦は、ダメを押すように、「保田という人物は、犬のような鋭い嗅覚でもって、「赤」の臭いをかぎとり、参謀本部に、ことごとく密告した。」という。この杉浦のような批判を丸山真男が絶賛しているが、私にはそのことになにか興味がある。杉浦のこのような文章が痛快で快哉を叫ぶ丸山の精神を橋川はどう見ていたのであろうか。丸山の発言の一部を引いておこう。

「保田與重郎は、なるほど戦後左翼から罵倒されたかもしれないし、正当に理解されなかったかもしれない。だけど逆に保田與重郎と日本浪曼派に対して、宮城の枝ぶりのいい松につるしてやろうと怒った杉浦明平たちの怒りがわからなければ、ぼくはやはり全体の歴史的状況はわからないと思うんです。」(『橋川文三著作集』7、「月報7」昭和六十一年、六頁)

この杉浦のような類の批判・攻撃は、何万回繰り返されても、保田はビクともしない。それは保田の心臓を打ち抜くようなものとなっていないからだと橋川はいう。

感情の昂りだけが先行する批判が横行するなかで、橋川は竹内好の発言に注目している。橋川が注目した竹内の発言はよく引用されるものであるが次のようなものであった。

「マルクス主義者を含めての近代主義者たちは、血ぬられた民族主義をよけて通った。自分を被害者と規定し、ナショナリズムのウルトラ化を自己の責任外の出来事とした。『日本ロマン派』を黙殺することが正しいとされた。しかし、『日本ロマン派』を倒したものは、かれらではなくて外の力なのである。外の力によって倒されたものを、自分が倒したように、自分の力を過信したことはなかったろうか。それによって、悪夢は忘れられたかもしれないが、血は洗い清められなかったのではないか。」（竹内好『新編・日本イデオロギイ』〈竹内好評論集〉第二巻、筑摩書房、昭和四十一年、二七六頁）

いわゆる近代主義者と呼ばれる人たちの日本浪曼派攻撃というものは、竹内が指摘しているように、的はずれのものか、表面的なもので、敵のなかに深く入り込んでの批判というものは皆無にちかい。干戈を交え、敵を倒すということが、彼らにわかっていないと竹内はいう。

民族主義的色彩を濃く持っている日本浪曼派などに対して、日本の近代主義は有効な闘争手段を持ちあわせていなかった。階級を持ちだしさえすれば、民族は圧殺できると短絡的思考に陥ってしまっていた。つまり、日本の近代において、この両者が共存するということはいうまでもなく、両者が本格的に対決するということもなかった。

強烈なナショナリズムは、国家体制派と呼ばれたり軍国主義的と呼ばれたりするものに結びついてしまい、ついに社会変革派とか改良的なものに結びつくことはなかった。竹内はこういう。

「日本では、社会革命がナショナリズムを疎外したために、見捨てられたナショナリズムは帝国主義と結びつくしか道がなかったわけである。ナショナリズムは必然的にウルトラ化せざるを得なかった。『処女性を失った』（丸山真男）といわれるのは、そのことである。」（同上書、二七九頁）

この竹内の発言とはニュアンスの違いはあるが、橋川は中野重治に注目し、彼の発言を聞いて安堵している。日本浪曼派に対する激情的な攻撃が繰り返されるなかで、中野はきわめて慎重であり、おだやかだったという。それまで多くの人に見えていない領域を中野は冷徹な眼で見ているというのである。

橋川が強く引き寄せられ、待ち望んでいた文章とは、次のようなものであった。

「大体からいうと、第二『文学界』や『日本浪曼派』などが何であったかということはこんにちまだ明らかになっていない。これは私がそう考える。わたしの知る限り、第二『文学界』や『日本浪曼派』グループについてそれが何をしたかということは一おう明らかにされているが、どうして、なぜ、それをすることになったかは明らかにされていない。（これはしかし、かれらが『何をしたか』が明らかにされていないということでもある。）」（「第二『文学界』・『日本浪曼派』などについて」『近代日本文学講座』Ⅳ、河出書房、昭和六十一年、一七九頁）

発生基盤を根気よく探らないかぎり、ものごとの本質はわかってこない。虚像に向かっていくら吠えても、敵は痛くも痒くもあるまい。

中野はごくあたりまえのことをいっているのである。にもかかわらず、橋川に「久しく待望した種類のものであった」といわせたのは、それほどまでに日本浪曼派に対する本質的評価、批判がなされていなかったということであろう。

断罪のみが横行し、その断罪の理由も単純そのもので、とうてい内在的批判などありえないなかで、橋川は自分の全存在をかけて日本浪曼派と格闘したのである。彼の日本浪曼派研究は、単に「研究」ということではなく、彼自身の存在そのものを問うことであった。次の文章を引いておきたい。

「私はこの中野の率直な言葉によって、ふと小さな安堵感をいだいたのを覚えている。かつて私たちの見たあの明かな体験像は、たんなる幻影にすぎなかったのかという疑念にとらえられたとき、竹内や中野の発言は私を安心させ、鼓舞した。それほど私にとって、日本ロマン派の問題は重要であった。」（「日本浪曼派批判序説」、前掲書、八頁）

橋川は日本浪曼派のなかでも代表的な保田與重郎の悪魔的といったらいいか、狂的といったらいいか、おどろおどろした美しさに引き込まれてゆく自分の姿を冷静にながめることができたのである。

日本浪曼派の問題点とイロニー

次に橋川は日本浪曼派の問題点を浮きぼりにするため、というか自分の問題意識を明確化するため、西田勝の「日本浪曼派の問題」（『新日本文学』、昭和二十九年十一月）をとりあげている。

西田のこの論文は、限定付で正しいという。どういうことかといえば、昭和八年、九年、十年頃の状況のなかでの日本浪曼派は、近代文学やプロレタリア文学の流れから必然的に生れてくるもので、いわゆる例の転向の歴史のなかに入るという西田の視点は、一応うなずけるという。しかし、このことは一応是とするも、日本浪曼派をこういった思潮のなかに組み入れて安心することはできないと橋川はいう。

「なぜ、それほど、日本ロマン派を『ナルプ解体』の論理に符合せしめねばならないのか?」(同上書、一九頁)

と問いつつ、次のようにいう。

「少しく粗雑ないい方になるが、『なぜ、転向も頽廃もそのものとしては知らなかった私たち、当時のティーンエージャーが、保田の文章と思想に心酔することが可能であったか?』という問題は、そうした論理では分析されないように思われる。」(同上)

マルクス主義、共産主義といった世界をまるで知らなかった若者たちが、日本浪曼派や保田に傾斜、心酔していった動機は、一体奈辺にあるのか、それが大きな問題だと橋川はいう。

「ナルプ解体」というよりも、大正、昭和時代における若者たちの絶望のなかで生きる心情こそが日本浪曼派の成立基盤だと彼はいう。

それでは橋川は日本浪曼派、とくに保田のどこに心酔したのであろうか。このことを解きあかすには、「イロニー」ということにせまらねばならない。

若者が三島由紀夫に引きつけられるよりも、もっと強烈にいかれたのは、保田の「イロニー」であったと橋川は次のようにいう。

「いずれにせよ、保田の文体が私たちを魅惑したことは、現在、たとえば三島のスタイルが十代の少年を魅惑するよりも甚しいものがあったと思われるが、その牽引力の中心がイロニイであったといえよう。……（略）……イロニイの概念を説明することは困難ではない。しかしその多様な発現様式を綜合的に批判することは安易ではない。……（略）……一般的にいえば、ある種の政治的無能力状態におかれた中間層的知識層が多少ともに獲得する資質

に属するものであって、現実的には道徳的無責任と政治的逃避の心情を匂わせるものであった。」（橋川、同上書、三三頁）

橋川はこの保田の「イロニー」のなかに、時代の心情をみて、日本近代がたずさえていたものを根底から否定、排除し、そのため、現実世界では、完全なる敗北の道を歩むことを保田は是としているという。

「政治的リアリズムの排除」、「情勢分析の拒否」、「科学的思考の絶滅」を保田のなかに見る橋川は、次のような文章を書く。

「事実、私たちと同年のある若者は、保田の説くことがらの究極的様相を感じとり、古事記をいだいてただ南海のジャングルに腐らんとした屍となることを熱望していた！　少くとも『純心な』青年の場合、保田のイロニイの帰結はそのような形をとったと思われる。これは甚しくナチズムの心理構造とことなる形である。ナチズムのニヒリズムは、『我々は闘わねばならぬ《ヴィア・ミュッセン・ケンペン》！』という呪われた無窮動にあらわれるが、しかし、私たちの感じとった日本ロマン派は、まさに『私たちは死なねばならぬ《ヴィア・ミュッセン・シュテルベン》！』という以外のものではなかっ

た。」（同上書、三五〜三六頁）

橋川は「イロニー」というものをどう考えているかというと、弱虫が強がりをいっている状態とみている。それは病的な自己欺瞞であるが、しかし、単なる病いではない。それは相当練磨された自己認識の方法だという。

弱さ、無力さを徹底して自覚すれば、そこに見えてくるものがある。それは日本の近代的知識人たちが嫌がり、軽蔑した民族の問題であり、日本近代のインチキ性であった。

農本主義と日本浪曼派について

保田の思想のなかに、橋川は三つのものがあるという。

それはマルクス主義と国学、そしてドイツ・ロマン主義である。この場合の国学というのは「米つくり」民族という地点にまでも、およぶことになる。農本主義の世界に入り込むことである。

いうまでもなく日本浪曼派の問題は、文学のそれであり、政治思想、社会思想としての農本主義と直接的つながりがあるわけではないが、橋川はこの両者には類似するものがあるという。

橋川は藤田省三の次の文章を引用している。

「農本主義と文学の世界における日本浪曼主義とは対応する。前者が『革新者』であれば、後者も又一つの『流行への挑戦』である。(「日本浪曼派広告」、『コギト』一九三四年十一月)。前のものが官僚機構の命令政治に反対して、非政治的な自主的共同体をつくろうとする運動であるならば、後のものも『時務』すなわち政治を拒否して(保田與重郎)、イロニーの世界で『孤高の反抗』を行わんとする(亀井勝一郎「浪曼的自我の問題」、『日本浪曼派』一九三五年三月創刊号)。ただ後者はどこまでも美的感覚体験——それ自身が抽象世界の中にある——の世界を離れなかっただけである。」(「天皇制とファシズム」『第二版・天皇制国家の支配原理』未来社、昭和四十九年、一四一頁)

橋川は農本主義者と呼ばれる権藤成卿や橘孝三郎の「土」の問題をとりあげ、

郷土喪失の問題が観念や知の問題ではなく、日本列島における現実的問題として浮上してきていることの意味を問う。

『自治民範』や『農村自救論』の著者で、五・一五事件に大きな影響を与えた権藤と保田を橋川は比較する。

両者とも反近代主義、反国家主義を主張し、権藤が徹底した郷土主義の理念として「社稷」をキー・ワードにしたのに対し、保田は反官僚主義、反アカデミズムを主張したとして、橋川はこういう。

「農本イデオロギーの最も特徴的な表現として権藤の『社稷』の観念をあげることは不当でないであろう。この特徴的な理念は、ほとんど明白な反国家主義といってもよいものであり、その徹底的郷土主義は、『プロシア式国家主義を基礎とした官治制度』に対して、ほとんどアナーキズムの意味をすらおびるものであった。権藤のいう『プロシア式国家主義』とは、保田における『文明開化』主義の同義語であり、その担い手としての『官僚』政治に対する農本主義の批判は、保田においては、『唯物論研究会』を含む『大正官僚式』の『アカデミズム』批判としてあらわれたといえよう。」（橋川、前掲

書、六二〜六三頁）

それぞれの時代背景も違うし、たどった人生の過程も異なるが、両者とも明治国家形成の基本的原理および日本近代の根底にあるヨーロッパの近代的要素に対し、根本的批判の眼を向けていたことは共通しているのである。

橋川は日本浪曼派と農本主義の比較には、おのずから限界、無理があることも指摘しているし、保田自身も、政治色の強い農本主義と自分の農本思想とは一線を画するものだといっている。

「米つくり」の思想

農本主義と日本浪曼派との比較にはならないが、私はここで保田の「米つくり」の思想に少し言及しておきたい。

農本主義を保田は批判するが、「米つくり」という農を愛する思想には、強烈なものがある。近代終焉の次にくるものは、日本人が道義として遵守していかねばならない「米つくり」の思想以外にないと保田はいう。

「米つくり」というもののなかに存在する労働は、商品価値としての労働力とはまったく異質のものであり、商品としての価値はけっして問わない。いわば無償としての労働であり、そうであるから尊いのだという。

保田にとって労働とは「米つくり」のことであり、それは道義であり、神聖なもので、貧富にふりまわされるような類いのものではないのである。しかし、これを歴史的に見れば、この採算を度外視した農民の貧困があってこそ、近代文明、資本主義の今日があることを忘れるな、と保田は次のようにいう。

「明治の文明開化以来、日本農民の父祖たちは、最も激しい貧困の負目を荷ってきたのである。日本の近代文明と近代兵備は、国民の六割を占める農村人口の貧乏によって償はれてきたのである。西田哲学も田辺哲学も白樺文学も、その人もその生活も、みな農民の貧乏といふ自覚された犠牲の上に開いた近代文物である。」(「農村記」『保田與重郎全集』第二十四巻、講談社、昭和二十四年、一一四〜一一五頁)

「米つくり」を、神から与えられた責務とし、それを日常化している人たちは、近代的強権に屈してそうしているのではない。あくまでも、その人たちの内発的精神によるものである。道義なき近代文明のなかにおける生活とは次元の違うところで生きている人たちには、物の豊かさは望めぬが、そこには精神のかぎりない豊かさがある。そこで彼らは過不足なく十全に生きているというのである。

日本人としての道義を継続してきた農民は、いかなるときも、近代生活を峻拒しつつ、「米つくり」に専念して生き抜いてきた。ここには日本人のみならず、アジア人の基本的道があり、「米つくり」の本格的文化の確立があると保田はいう。精神の光輝や豊かさよりも、わずかな物質を選び取ることは、近代ヨーロッパ文明に敗北し、服従することである。

アジアはヨーロッパの侵略、支配によって、精神も肉体も破壊された歴史を持っている。破壊されてはじめて、アジアはアジアたりえたという。つまり、これはヨーロッパのためのアジアであったということである。岡倉天心も同じことをいっている。

このヨーロッパのためのアジアの位置づけを保田は、「第一次アジアの発見」と呼び、次に「第二次アジアの発見」が登場しなければならないという。

「近代史の開始を意味する『アジアの発見』は、ヨーロッパによって、ヨーロッパのために、アジアをアジアといふ形に定めたことであった。ヨーロッパ対アジアといふ形で、アジアは一つの概念として発見せられた。かくて隆々と近代文明は太った。しかし、さうした生活様式に対する第一次アジアの発見の次に、必ず第二次アジアの発見がなければならぬ。それは道義であり、公道である。」(「農村記」、同上書、一一〇頁)

自己保存や自己拡大のために、侵略、征服を日常とするヨーロッパ近代に対し、保田はアジアの絶対平和を持ってくる。

それは、干戈を交えていなければ平和だというような消極的なものではなく、また、政治や外交によって、かわしたり、維持されたりするような相対的なものでもないという。

ヨーロッパ近代に歩調を合わせるような動きからは、絶対平和の思想は訪れることはない。日本人はこうしたヨーロッパ文明を捨て、別の道を歩まねばならない。「米つくり」と祭りが一体となる道、その道にこそ絶対平和があるというのである。

ところで、この絶対平和をかき乱すような侵入者がやってきたらどうするか。保田は迷うことなく、「竹槍」を用意する。「竹槍」しかないという。現実的戦争のことを保田はいっているのではない。この「竹槍」主義というものは、案山子と同じ役割を持っていて、小動物を殺すのではなく、私たちが懸命に働いて生産しようとしている米を、どうぞ盗まないで欲しいと、小動物に懇願しているのだという。この保田の絶対平和論に関して、桶谷秀昭は次のような発言をしている。

「近代文明とその論理のなかで考へる限り、平和とは戦争のない状態を意味するに過ぎない。戦争よりはどんな平和でも平和がましだといふ相対論では、卑怯な平和より王者の戦争をといふ情念の昂揚した美意識に強く訴へる主張に対し、人の生き方を根底とする論理において対抗できまい。」（『保田與重郎』新潮社、昭和五十八年、一二四頁）

いうまでもなく、保田の思想の根源には、政治そのものを厳しく排除するところがある。

「米つくり」にもとづく絶対平和は、はじめから現実政治との関わりなど考えないのである。社会の常識からすれば、この保田の思想はひどい時代錯誤であり、敗北者の道にほかならない。

現実世界での敗北を堂々と唄い、その道を闊歩する。この敗北の美こそが保田のもとめてやまない「偉大な敗北」なのである。現実世界での勝利を競うような人たちに、この保田の精神はわからない。保田の「偉大な敗北」とはこういうことである。

「偉大な敗北とは、理想が俗世間に破れることである。わが朝の隠遁詩人たちの文学の本質は、勝利者のためにその功績をたたへる御用の文学ではなく、偉大な敗北を叙して、永劫を展望する詩文学だった。」(「天道好還の理」『現代畸人伝』『保田與重郎全集』第三十巻、講談社、昭和六十三年、三一〇頁)

ドイツ・ロマン主義、マルクス主義、国学というものが、保田に強い影響を与えていたことは、さきに触れたが、その一つの国学と「米つくり」の関係を橋川は次のようにのべている。

「つまり、マルクス主義とドイツ・ロマン主義と申しましたが、三番目の国学は、たんに宣長の学説を継承するというんではなしに、もう少し広く米作民族あるいは農耕民族としての日本人の根源的な生き方をどう把えるか、さらにそれが広がって、一般にアジアにおいて米作りをする民族の一般的理解というような展開を示しております。ですから、農本主義、宣長の思想をとおしての彼らの思想の中には、ある意味でのアジア主義がみられます。このアジア主義というのは、黒龍会とか玄洋社の右翼的なアジア主義とはニュアンスが違います。要するに、水田耕作民の分布する地域への郷愁と申しますか、それの尊重といったものです。」(「日本浪曼派と現代」『転位と終末』明治大学出版研究会、昭和四十六年、一一三頁)

橋川の日本浪曼派研究のなかにおける農本主義の問題で、少し保田の農の思想にかかわりすぎたかもしれないが、しかし、日本浪曼派の持っている反近代、反都市、反文明的思想を考える時、保田の農にかかわるものをはずすわけにはいくまい。

橋川は、農本主義というものを、文学の領域である日本浪曼派と関連づけることには無理があることを指摘しているが、この農本主義を農本思想、あるいは農の思想ということにすれば、両者はきわめて強く、深い関連のなかでとらえることができるように私には思える。

昭和維新への思い

橋川は、昭和維新の思想的源流を、真正なる人間の平凡な幸福追求という意志にもとめようとしている。つまり、なんとかして、平凡なわが身にふりかかる不幸を解消しようと願うところにその源流があるというのだ。逆巻く波のように荒々しく、華々しく政治的対決を表面化して、この世で何かをなそうというような雰囲気は昭和維新の源流ではないという。

橋川は清水多吉との対談で、次のような発言をしている。

「大正デモクラシー下での民衆の抱いた社会的不遇感が、実は広い意味でのファッショの意識を生み出したという風に見ているのです。……（略）……

なぜ大正後半期の民衆の内部にファッショをめざすような不遇感が生まれたのかという問題が出てきます。……(略)…… 明治時代の社会的に不遇な人々が自己主張する時のスタイルと、大正期の自己主張のスタイルの違いとして、〝人間として〟〝真正の人間として〟という表現が後者の場合には多いという気がするわけです。」(「戦後啓蒙主義の崩壊と三〇年代」『情況』昭和四十六年三月、一一〜一二頁)

世間を驚かすような大きな仕事をして注目をあびたいとか、社会的に高い地位にかけのぼりたいというような気持はきわめて稀薄で、原子化された無名の個人の絶望の影が濃いというのである。

朝日平吾の精神

橋川は昭和維新推進の原初的な人物の一人として、朝日平吾をとりあげている。久野収、鶴見俊輔著の『現代日本の思想 ── その五つの渦』(岩波書店、昭和三十一年）によると、朝日は次のように語られている。

「一九二一年（大正一〇年）九月二八日、神州義団団長、朝日平吾（一八九二～一九二一）は、安田財閥の当主安田善次郎（一八三八～一九二一）を、その私邸で刺殺し、その場で自害した。警察と検事局は、斬奸状を押収し、動機の外部にもれるのを禁圧した。しかし九月三日附の遺書『死の叫び声』が残され、やがて『朝日平吾の遺書』(ガリ版)として一部に流布されるにいたった。」（一一九頁）

橋川は朝日の精神のなかには、二つのものが混在しているという。その一つは、明治期にみられたテロリストの志士仁人的精神であり、いま一つは、資本主義経済の発達から生じてくる貧富の格差への激憤であるという。

この二つが混合してはいるが、明治期のそれに較べると朝日には、次のような特徴がみられるという。

「私が関心をもつのは、かつて大久保利通暗殺や大隈重信襲撃をその典型と見るべき明治時代のテロリズムが、主として政治権力のろう断に対する士族反対派の行動という意味をもったのに対し、朝日の場合には、その動機に微妙な変化があらわれているということである。前者は、むしろ自ら権力支配の資格を主張しうるものたちの義憤に根ざしていたが、後者はむしろ被支配者の資格において、支配されるものたちの平等=平均化を求めるものの欲求に根ざしているというニュアンスの差がある。」(『昭和維新試論』朝日新聞社、昭和五十九年、九〜一〇頁)

朝日がこの後者の良例だとして、彼の遺書となった『死の叫び声』を、橋川はとりあげている。

これは富豪安田善次郎刺殺にあたっての斬奸状といえるものである。この斬奸状は、続いてひきおこされたテロリズムを刺激した。巨額の財をなしてはいるが、民衆を無視し、社会を無視して、私利私欲を追い続ける安田に対し、天誅を下すものだと朝日はいう。

『死の叫び声』の冒頭の部分にこうある。

「奸富安田善次郎巨富ヲ作スト雖モ富豪ノ責任ヲ果サズ国家社会ヲ無視シ貪欲卑吝ニシテ民衆ノ怨府タルヤ久シ、予其ノ頑迷ヲ愍ミ仏心慈言ヲ以テ訓フルト雖モ改悟セズ由テ天誅ヲ加ヘ世ノ警メト為ス。」（大正十年九月、『現代史資料』（4）、みすず書房、昭和三十八年、四七九頁）

刺客共通の剛勇無頼の心情とは別に朝日の発言のなかには、平凡に真面目に生きようとする青年の心情が吐露されているという。つまり、剛勇壮烈な気持よりも、無力、弱虫的表情がみられ、何ごとも成すことなく一生を終える人間の一人であるというのだ。

しかし、そういう人間であっても、最後になすべき仕事がある。それは、理不尽な暴利をむさぼり、その財の上に胡座をかいている政財界の大物を誅することだと朝日は考えている。

橋川は『死の叫び声』のなかの次の文章を引用している。

「吾人ハ人間デアルト共ニ真正ノ日本人タルヲ望ム、真正ノ日本人ハ陛下ノ赤子タリ、分身タルノ栄誉ト幸福トヲ保有シ得ル権利アリ、併モコレナクシテ名ノミ赤子ナリト煽テラレ干城ナリト欺カル即ワチ生キ乍ラノ亡者ナリ、寧ロ死スルヲ望マザルヲ得ズ。」（「死の叫び声」『前掲書』、四八〇頁）

死の覚悟とはいっても、それによって世の中で、なにか大きなことをしでかそうというようなものではなく、これまで、したたかに辛酸をなめてきた自分の人生の悲哀に決着をつけようとする心情が強いと橋川はいう。

いかなる人間であろうと、生れ落ちた時は、すべてにおいて平等であり、各々が幸福を享受する権利を有している。しかし、大半の人間は理不尽な社会的不平等と差別に遭遇し、辛酸をなめ、地獄のような日常を強いられて生きる。

安田善次郎などは、多くの人々の犠牲の上に胡座をかいて生きる民衆の敵である。

昭和維新と朝日の関連についての橋川の結論は次のようなものである。

「やや性急に言うならば、私はもっと広い意味での『昭和維新』というのは、そうした人間的幸福の探求上にあらわれた思想上の一変種であったように考える。……（略）……同じことを裏面からいうならば、いわゆる維新者たちの人間性に多く共通してみられるものが一種不幸な悲哀感であるということになる。朝日平吾がそうした例の一人であることはたしかであろう。彼は強気の反面、いかにも感傷的な不幸者の印象をただよわせている。」(「序にかえて」『昭和維新試論』、一四頁)

朝日は何ごとかを成そうとするが失敗を繰り返す。その都度、自分のたどってきた薄幸的運命を嘆く。兄儀六によれば、平吾は子どもの時から腕白ではあったが、学校の成績はよく、「一等賞」や「優等賞」ばかりをもらっていたという。志は高いところに置くが、わが身は常に貧困と苦境にまとわりつかれ、世間からも冷眼を注がれ、人生のはかなさを味わった。

なかでも平吾にとって、実母の他界は、彼の人生にこのうえない暗いかげを落すこととなった。実母の死により、継母との間には軋轢が生じ、このことから次々と彼の不幸がはじまった。兄儀六はこのことを次のように語っている。

「今思ふと其の死んだ母と云ふのが、学問も可也り有ったし非常な賢母でしたから、若し母が生きて在ったら或は平吾はとても、彼《あ》あした危険な思想には成らなかったかも知れぬなどゝ思ふことも御座います。母の一番の楽しみは、哀れな人々に施しをすることでしたが、其の点は或は平吾が母から受けた美しい血であったかも知れません。」（奥野貫編『嗚呼朝日平吾』神田出版社、大正十一年、一八九頁）

馬賊への参加、大陸放浪なども、その遠因は、そこにあったのかもしれない。継母の平吾に対する冷酷さは、平吾のこころをして、やがて父親への憎悪へとつなげていくことになる。

平吾は父と母（継母）にとって不要な人間で、家へ帰って欲しくない存在であった。

「四年ぶりに帰宅せしも、母は肴《さかな》一度供し呉れず、朝より夕まで一言も交されず、吾より談話《はなし》すれば逃げて答へず、恰《あたか》も針の蓆に座せし気持ちす。……（略）……予想外の家庭の有様に帰郷の途中に於ける心情とは正反対に聊か反抗の気分のきざせるを覚ゆ。皆父母の仕打ちか原因也《なり》」（奥野、同上書、二〇四頁）

朝日の安田善次郎暗殺についての当時の反響について、橋川は注目している。

橋川は朝日の安田暗殺を、明治期の代表的暗殺事件よりも思想的深みがあるととらえた新聞を予見力あるものとして評価し、また、個人的には民本主義で知られる吉野作造の「宮嶋資夫君の『金』を読む＝朝日平吾論」という小論をとりあげている。

橋川の主張を聞く前に、吉野の文章の一部を引いておきたい。


「先年朝日平吾なる一青年が安田翁を殺したといふ報道を新聞で読んだとき、私には何となく之が普通の殺人でないやうに思はれた。……（略）……事柄の善悪は別として、之には何か深い社会的乃至道義的の意義がなくてはならぬ。殊に安田翁が如何にしてかの暴富を作ったかを思ふとき、社会の一角に義憤を起すものあるも怪むに足らぬと平素考へて居た私には、……（略）…… 斯くて私は朝日といふ人物に就てはひそかに一個の勝手な解釈を有《も》って居たのであった。」（「宮嶋資夫君の『金』を読む」『中央公論』大正十五年七月号、三三五頁）

橋川はこの「民本主義」者、吉野の論文のなかで、彼の感受性の鋭さを高く評価している。当時の知識人たちとは、どこか違った評価で、朝日に対する強い同情が見られるというのである。

朝日に対する橋川の思いは、昭和維新の原点探求につながるものであった。人間誰しも生れながらにして幸福を追求する権利をもっている。その追求の仕方は時代により、社会環境により、大きく異なる。橋川はこの昭和維新というものを、人間が人間として真面目に幸福を追求しようとする過程における心情世界の一つのあらわれだったと見ている。

橋川の朝日を見る眼は、総体としては正しいように思う。しかし、朝日の心情をある領域に追いやっているようなところはないであろうか。

人間らしく、真正な日本人として生きたいという願望が、朝日のテロ行為のモチーフとなっているのであるが、そのことだけではあるまい。国家、社会に対する義憤というものも大いにある。志士仁人的勇敢さ、天下国家を論ずる志気もある。

不幸な悲哀感だけで人が殺せるものではあるまい。そこには行動、決断の拠り所となる大義名分がなくてはならぬ。

橋川は十分そのあたりのところを理解しながらも、明治のテロリストとの区別を鮮明にするために、ある部分を強調しすぎているように私には思える。

渥美 勝の桃太郎主義

橋川は次いで、朝日より十年ほど先に生れた渥美勝という人物に注目している。渥美は昭和三年、五十二歳で他界しているが、その他界の際、世間の常識では考えられない程の人が駆けつけて、渥美の死を弔ったという。

田尻隼人は次のように記している。

「享年五十二。訃報伝はるや、天下憂国の士皆哭せざるなし。同月五日告別式を営み、十二月九日、日本青年館に於て各国家主義団体及び思想団体共同主催の公葬を行ふ。頭山満を葬儀委員長に永田秀次郎、丸山鶴吉、大川周明、板倉永助等卅余名を委員に、神崎一作祭主の下に厳かに執行せらる。……(略)……君に妻子なし、然れども思想的後継者頗る多く、今や非常時の嵐を突破し、神政維新の大業に参画せんとする者踵を亜いで相至る。国の子桃太郎、君の偉業や真に大なる哉。」（「渥美勝君略伝」『日本之生命』教育之日本社、昭和八年、一一頁）

なぜ、橋川は昭和維新との関連で渥美に注目するのか。昭和維新に直接的に関わり、華々しい活躍をしたわけでもないこの渥美に。

普通に立ちまわっておれば、一高、京大という学歴を見ても、それなりの社会的評価も受けたであろうに、あえて、その世俗的な道を拒絶し、没社会的に無名の人として生き、生涯を閉じるというような人間に橋川は関心を示す。出世の道からはずれ、一凡人として生きる人のなかに、昭和維新につながるものがあるという。

渥美は明治三十三年、一高を卒業して京都大学に入学するが、そこを卒業することなく、中途退学している。

渥美も当時の煩悶学生の例にもれず、一時期をそういう雰囲気のなかで苦悶しながら過した。人生不可思議、生きるべきか死ぬべきか、当時の知的空気はそのようなものとして、若者を囲繞していた。

国家的に有用な人間として立身出世するというような生き方に、なんの魅力も感じず、憂国や愛国の志士などは論外といった風潮が一部の若者の精神をとらえていたのである。

こういう雰囲気のなかでの象徴的な事件が藤村操の華厳の滝への投身自殺であった。明治三十六年のことである。

安倍能成の『岩波茂雄伝』から、岩波茂雄の言葉を橋川は引用している。

「そのころは憂国の志士をもって任ずる書生が〈乃公出でずんば蒼生を如何せん〉といったような慷慨悲憤の時代のあとをうけて、人生とは何ぞや、われは何処より来りて何処へ行く、といったようなことを問題とする内観的煩悶の時代でもあった。立身出世、功名富貴のごとき言葉は男子としては口にするを恥じ、永遠の生命をつかみ人生の根本義に徹するためには死も厭わずという時代であった。現にこの年〔明治三十六年〕の五月二十二日には、同学（一年下）の藤村操君は〈巌頭之感〉を残して華厳の滝に十八歳の若き命を断っている。」（「渥美勝のこと」『昭和維新試論』朝日新聞社、昭和五十九年、二七頁）

朝日もそうであったが、渥美も母の死に襲われたのである。この母の死に関連して、渥美は常識からは大きくはずれた奇行と呼べるような行為をする。それは母の骨を食うという行為であった。骨すべてを平らげることはできなかったが、咽喉骨を食ったという。

田尻はそのことについて次のようにのべている。

『母を、おれのふところへ葬らう。母はきっと喜ぶに違ひない』こころを決してその骨を食べようとした。さすがに、咽喉骨《のどぼね》をやっと食べただけで、あとは手がつけられなかった。その後、やうやくにして菩提寺に埋葬することができた。『いかにも悲壮な声でもって——おれの腹のなかには、おふくろの咽喉骨が納まってゐるのだ——と、何かのときにいはれたことがあった』と、これも一高時代からの親友である板倉永助が語ったことがある。想ひみるだにも悲痛な光景であり、聞くだにも凄愴な言葉である。」(田尻『渥美勝伝』大空社、平成九年、一二二頁)

この母の咽喉骨を食うという行為は、母と一体になりたいという自己救済的願望のあらわれである。最愛の人との合体は、肉を食い骨を飲むという狂気的行為をともなうことがある。それは洋の東西を問わず、人類共通の呪術、信仰の一つでもある。母との別離は渥美にとって、この世との別離であった。

京都大学で彼は法学を選択したが、彼の詩人的心情の激しさは、そこにとどまることを許さなかった。仏教やキリスト教、その他、ヨーロッパの学問等々に傾注もしたが、どれもこれも渥美の内面を満足させるものはなく、彼が到達したのは、日本神話であった。そのなかに自分の魂を救済してくれるものを発見したのである。

二度と大学に戻る気力もなく、母なき故郷に、うちひしがれた身を横たえた。その時のことである。渥美の耳に聞こえてきたものは、近隣幼稚園児の唄う「桃太郎」であった。「桃太郎」と渥美の出合いを田尻は次のようにのべている。

「ある日のことであった。ふと聞くともなしに、隣接の幼稚園でうたふ可憐な児童の唱歌の声が、こころよく耳に伝はってきた。……(略)……彼はふと、思はず叫んだ。『ああ、さうだ。桃太郎だ。桃太郎だ』忽然として、『たましひ』を覆うてゐた迷ひの霧が霽れそめたのだ。一種、霊妙な悟りの扉が開けて、そこから『たましひ』の黎明が、力強い『いのち』の光が、全身全霊を照らしはじめたのだ。『人として、この世に生を享けたからには、宜しく万有を整理し、開拓し、統一し、一切不善、一切悪を征服し、あらゆる艱難辛苦を克服し、真理の宝庫を開拓するの信念と勇気とがなければならぬ。桃太郎こそは、日本民族生命の象徴にあらずしてなんであらう』との意識が、先づ生じてきた。」(『渥美勝伝』一一三〜一一五頁)

渥美はここに桃太郎として生れかわったのである。桃太郎は皇国の神話そのものであり、日本民族の生命そのものであった。

渥美はこの精神を胸に抱いて前進する。彼は桃太郎の旗を立て、神田須田町広瀬中佐銅像前や上野公園、その他の場所で日本人の使命のなんたるかを説いたのである。

橋川は渥美の「桃太郎主義」を次のように結んでいる。

「渥美を知る人々の多くが証言しているように、昭和維新の願望をもっともナイーヴに、鮮烈に印象づけた人物が渥美であったとするならば、それは『昭和維新』が、まさに二十世紀初頭、世界的潮流となっていた帝国主義に対する日本人の初心の精神的反応の中にその起源をもっているからであり、そして、渥美のほとんど思想とも行動ともならなかった生き方の中に、人々が自らの維新願望の原型をたえず回顧せしめられたからであろう。」（「『桃太郎主義』の意味」橋川、前掲書、六五頁）

「阿呆吉」

橋川は渥美の作品の一つである「阿呆吉」に注目しているのであるが、これはどういうわけか。橋川はこの「阿呆吉」が渥美の遺稿のなかで、最も好きだという。それは、この「阿呆吉」のこころと渥美のこころとが重なるからであろう。

この作品は、渥美が少年だった頃、故郷にあった話のようである。少し世の中の常識からは逸脱しているような男の話である。ムラの多くの人から嘲笑され、子どもたちからもからかわれ、馬鹿にされている。彼の風体もかなり常識的なものからはズレている。

渥美はこう描いている。

「吉っあん寒暑を通して袷衣一枚で、三十年一日の如く奉公し来たとでも云ひたいやうな古小倉の帯は垢付いて襞だらけになったのを引扱いて、一重廻わして尻の上にちょっと横腰に一つ引き締めて重ねて結んで、三つ四つ五つ、七つ計りも結び目を聯ねてだらりと下げて居る、宛然喪家の犬の尾の如うであった。」(「阿呆吉」『日本之生命』教育之日本社、昭和八年、二〇七頁)

意識して、こういう服装をしているのではない。これが自然体であるから値打ちがあるのである。他人が笑おうと蔑もうと、そんなことは吉っあんの眼中にはない。子どもたちにからかわれても彼は怒ることはない。吉っあんが優しいのをいいことにして、子どもたちは悪事のかぎりを尽すが、彼は「放してくれ」、「よしておくれ」というだけである。彼が本気になれば、そのような悪たれ小僧など、一蹴できるはずなのに、そうしないのである。ただ許しを乞うだけである。

吉っあんには唯一特意とするものがあった。路上にある小石や瓦の破片を歩く人が危険だからということで、どこまでも下駄で蹴っていく。両側の溝に落ちる

139

まで蹴っていくという。「ほめ言葉」など吉っあんには不要である。

この渥美の「阿呆吉」に登場する「吉っあん」は、宮沢賢治の「虔十公園林」に登場する「虔十」に似ている。つまり、どういうことかというと、二人とも風体もさることながら、この現実世界のルール、規範に抵触するわけではないが、常識世界からはどこかズレているのである。世間でいうところの常識人ではない。

両者とも純粋で、世俗的欲望などかけらもない。他人を批判、攻撃することもなく、危害を与えることもない。自分が置かれた環境のなかで十全に生きている。神がかり的存在といってもいい。「虔十」の日常は次のように描かれている。


「虔十《けんじふ》はいつも縄の帯をしめてわらって杜《もり》の中や畑の間をゆっくりあるいてゐるのでした。雨の中の青い藪《やぶ》を見てはよろこんで目をパチパチさせ青ぞらをどこまでも翔《か》けて行く鷹《たか》を見付けてははねあがって手をたゝいてみんなに知らせました。けれどもあんまり子供らが虔十をばかにして笑ふものですから虔十はだんだん笑はないふりをするやうになりました。」（宮沢賢治「虔十公園林」『宮沢賢治全集』6、筑摩書房、昭和六十一年、四〇三頁）

それまで親に一度も迷惑をかけたことのない虔十が、ある日突然、杉の苗を七百本買ってくれという。家の裏の野原に植えるのだという。父親は快諾してくれ、兄の協力でその杉苗を植えた。土が粘土質で杉は育たず、七、八年経っても九尺程にしかならない。それでも学校帰りの子どもらが五十人も集まって並木道のようになった杉の間を列をつくって通り抜ける。虔十はそれを見て大きな口をあけて喜んでいた。毎日毎日子どもらはここに集まった。来ないのは雨の日だけだった。雨の降るなかでも虔十はそこに立っている。

「その日はまっ白なやはらかな空からあめのさらさらと降る中で虔十がたゞ一人からだ中ずぶぬれになって林の外に立ってゐました。……（略）……その杉には鳶《とび》色の実がなり立派な緑の枝さきからはすきとほったつめたい雨のしづくがポタリポタリと垂れました。虔十は口を大きくあけてはあはあ息をつきからだからは雨の中に湯気を立てながらいつまでもいつまでもそこに立ってゐるのでした。」（同上書、四〇八頁）

かなりの年月が過ぎ、かつてこの公園で遊んでいた子どもの一人がアメリカの大学教授になって帰郷した。虔十は他界していたが、その子どもたちの遊び場は、そのままの姿で残っていた。その教授は虔十を賞賛し、誰が賢くて、誰が賢こくないかわからないといい、この公園を虔十公園林と命名した。

虔十も、吉っあんも、およそ近代の競争社会のなかで生きられる人間ではない。より多く、より速く、より能率よくといった価値の世界からは遠い地点にいる住人である。

二人とも、原初的人間というか、神とも仏ともとれるような人間である。

渥美は吉っあんの最期を次のように締めくくった。

「耶蘇が高声に説明しつゝ行った事を吉っあんは黙って行って退けた。耶蘇は神の子の名を買って斃れたが吉っあんは唯だ阿呆の名を負ふて目を閉じた。」(「阿呆吉」前掲書、二二四頁)

渥美は吉っあんを神的、仏的存在として描くのであるが、そのような生き方に何を求めようとしているのであろうか。何も求めてはいないのであろう。渥美自身がそのように生きたのである。

橋川がいうように、たとえ渥美が昭和維新の頃まで生きていたとしても、おそらく彼はなんら成すことはなかったであろう。しかし、それにも拘らず、彼の死を知るやいなや、憂国の士が多くかけつけたことを私たちはどのように理解すればいいのか。彼のどこがそんなに偉大だったのか。

橋川も、このあたりのところがよくわからないと、次のようにいう。

「そのような渥美の何が人々に深い印象を与え、その友人板倉永助が書いているように『去るもの日々に疎しということがあるが、渥美君に対しては、君を知るすべての人々が、かえってますますその追憶思慕の情を深からしめている』のであろうか。この問いに答えることができなければ、私の渥美論の意味もないことになるのだが、私にはその自信が十分にもてない。」(「渥美の遺稿『阿呆吉』」『昭和維新試論』朝日新聞社、昭和五十九年、四九頁)

主要参考・引用文献

中島岳志『朝日平吾の鬱屈』筑摩書房、平成二十一年
奥野貫編『嗚呼朝日平吾』神田出版社、大正十一年
渥美勝『日本之生命』教育之日本社、昭和八年
江島靖喜「国之子『桃太郎』渥美勝」(上)(下) 動向社、平成十年十二月、平成十一年二月
『橋川文三著作集』(1) 筑摩書房、昭和六十年
杉浦明平『暗い夜の記念に』風媒社、平成九年
竹内好『新編・日本イデオロギイ』〈竹内好評論集〉第二巻、筑摩書房、昭和四十一年
なかの・しげはる「第二『文学界』・『日本浪曼派』などについて」『近代日本文学講座』(4)、
　河出書房、昭和六十一年
西田勝「日本浪曼派の問題」『新日本文学』昭和二十九年十一月
藤田省三『第二版・天皇制国家の支配原理』未来社、昭和四十九年
保田與重郎「農村記」『保田與重郎全集』第二十四巻、講談社、昭和六十二年
保田與重郎「現代畸人伝」『保田與重郎全集』第三十巻、講談社、昭和六十三年
桶谷秀昭『保田與重郎』新潮社、昭和五十八年
橋川文三「日本浪曼派と現代」明治大学出版研究会『転位と終末』、昭和四十六年

『情況』昭和四十六年三月
久野収・鶴見俊輔『現代日本の思想――その五つの渦』岩波書店、昭和三十一年
『現代史資料』（4）、みすず書房、昭和三十八年
吉野作造「宮島資夫君の『金』を読む」『中央公論』大正十五年七月
安倍能成『岩波茂雄伝』岩波書店、昭和三十二年
田尻隼人『渥美勝伝』大空社、平成九年
宮沢賢治「虔十公園林」『宮沢賢治全集』（6）、筑摩書房、昭和六十一年
満川亀太郎『三国干渉以後』論創社、平成十六年
影山正治『維新者の信条』大東塾出版部、昭和十七年
宮嶋繁明『三島由紀夫と橋川文三』弦書房、平成十七年
「橋川文三研究」『思想の科学』思想の科学社、昭和五十九年六月

深沢七郎のこと

深沢七郎（フカザワ シチロウ） 1914-1987 **作家、ギタリスト**

1914 年（大正 3）山梨県東八代郡石和町（現笛吹市）に生れる。中学の頃からギターに熱中し、ギタリストとなる。作家・演出家の丸尾長顕に師事。

1956 年（昭和 31）姨捨山をテーマにした『楢山節考』で中央公論新人賞受賞。

1960 年（昭和 35）中央公論に発表した『風流夢譚』をきっかけに中央公論社社長宅が右翼に襲撃される嶋中事件が発生。

このため断筆、3 年間程各地を放浪。（放浪中も『放浪の手記』などを執筆）

1965 年（昭和 40）埼玉県南埼玉郡菖蒲町に「ラブミー農場」を開く。

「楢山節考」と母親像

いつの日にか、深沢七郎の全体像に接近してみたいと思うが、いまだその機はなぜか訪れない。いろいろ理屈はつけてみるが、私の力が無いという結論に達することになる。

ここでは、深沢の肉体と精神の一端に触れることができればいいと考えている。「楢山節考」、「東北の神武たち」、「笛吹川」、「風流夢譚」、「庶民烈伝」、「秘戯」、「みちのくの人形たち」、「極楽まくらおとし図」などを書いた深沢は、近代日本における異色の作家として注目された人物である。何を持って異色と呼ぶかについては、さまざまな説がある。

昭和三十一年、「楢山節考」が中央公論新人賞を受賞し、彼の名は一躍有名になった。この賞は中央公論の嶋中鵬二によって企画されたもので、創作領域の拡充を企図したものであった。千本以上の応募小説があり、そのなかから「楢山節考」が選ばれたのである。

また、昭和三十五年十二月号の「中央公論」に「風流夢譚」が掲載された。実在する皇室の人物たちが処刑されるといった場面があり、宮内庁も反応し、右翼からは皇室を侮辱するものだとして社長の嶋中宅が襲われるという政治的事件を誘発し、深沢の名はいろいろな意味で世の中に知られることとなった。

「楢山節考」が中央公論新人賞に選ばれた時のことである。審査した一人の三島由紀夫は、深沢のこの作品の感想を次のようにのべたのである。

「変なユーモアの中にどすぐろいグロテスクなものがある。たとえばおばあさんが自分の歯を自分で欠くところなんかを出して、だんだんに暗い終末を予感させていくわけですね。ぼくは正直夜中の二時ごろ読んでいて、総身に水を浴びたような感じがした。最後の別れの宴会のところなんか非常にすごいシーンで、あそこを思い出すと一番こわくなる。そのこわさの性質は父祖伝来貧しい日本人の持っている非常に暗い、いやな記憶ですね。」(「深沢七郎の世界」『別冊新評』第七巻第二号、新評社、昭和四十九年七月十五日、一二四頁)

もう一人の選考委員であった武田泰淳(残りの一人は伊藤整)はこうのべている。

「とにかくこの作品は根本は民話のすごみというものをワクにして、その中でおもしろく事件を展開させている。この老婆が早く死にたがっている、早く楢山に登りたがっているという考え方、それがこの小説を美しくしているのであって、もしあれが泣き叫ぶような側に立っていたら、この小説は全然成立できなかった。…（略）…いかなる残忍なこと、不幸なこと、悲惨なことでも、かえってそれがひどくなればなるほど、主人公の無抵抗の抵抗のような美しさがしみわたってくる。」（同上）

「山と山が連っていて、どこまでも山ばかりである。この信州の山々の間にある村――向う村のはずれにおりんの家はあった。」（「楢山節考」『深沢七郎集』第一巻、筑摩書房、平成九年、一四八頁）ではじまるこの小説の主人公は、いうまでもなく「おりん」である。今年六十九歳で、来年は楢山におくられる運命にある。近代ヒューマニズムを信奉している人の立場からいえば、いかなる事情があろうとも、子が親を捨てるというようなことは断じて許されないことであろう。しかし、この小説に登場する「おりん」は、楢山に登ることをこころ待ちにしていて、一年も前からその日のための祝い酒を作り、自分が山で座る蓆などは三年も前から編んだり、嫁にやまべ（川魚）のいる場所を教えたりしている。

この「おりん」の原点が深沢の母親にあることはいうまでもない。人は自分が生み落とされ、育てられた母親に対し、それぞれの思いを抱いている。そして母親の死に直面しては、これまた、各人が特別の思いを吐露することになる。

家族制度の軋轢と抑圧のなかで、忍従を余儀なくされ、呻吟してきた母親の情念を目のあたりにしてきた子どもの場合は、その母親への思いは、また格別なものとなる。

深沢は、三島や武田に認められようなどと思って、この小説を書いたわけではないが、三島が全身に水をかけられたように思い、武田が「おりん」の無抵抗の美しさを不思議に思ったのはなぜか。

おそらくここには、日本の近代主義者と呼ばれる人たちの目には見えない領域、つまり彼らにとっては闇の部分に深沢が食い込んでいたのかもしれない。

遠い遠い昔に異様な光と臭いを放っていた日常的情念も、長時間のあいだに封じ込められて、死滅したかに思えた。しかし、それが突如として深沢によって浮上させられた。それは驚異であり、恐怖であった。

死の旅へ赴く母親を、なぜ悲痛な叫びをもって描かないのか。文字通り今生の別れなのに、「おりん」はどうして喜々として死を迎えようとするのか。深沢はこの「おりん」の姿に無理な型を強要しているのか。そうではなかろう。「おりん」は大自然のなかに自分を投げ出し、大宇宙に抱かれながら往生することを願っているのである。

深沢は母の死がちかい日の思い出を次のように書いている。

「彼岸中に雨が降って、私が蒔いた菜の種が『イッパイ、揃って芽が出て来たよ』と云うと、『見たいよう』と云うのである。縁側から私の背におぶさって菜のところまで行ったが、私の背中は火をおぶっているように熱かった。『おっかさん、苦しくはないけ』と云って、苦しいのを我慢していると思ったので帰ろうとすると、母は背の方から私の目の前に見せるように手を出して、前へ前へと手を振った。こんな苦しい思いをしても見たいのかと指図されるままに私はもっと前へ前へと進んだ。こんなことを書くのは、なんだか恥かしいけど、楢山節考で、山へ行ったおりんがものも云わず前へ前へと手を振るところはあの時のおっかさんと同じだ。」(「思い出多き女おッ母さん」『深沢七郎集』第八巻、筑摩書房、平成九年、五一二頁)

この深沢の母への熱い思いは、「楢山節考」の息子辰平との間を深いところで支えているように思える。母に精いっぱい甘えた深沢にとって、母の存在は、おそらくこの世に二人といない理想の極地だったのである。かたときも離れることのなかった深沢の母への愛は、強烈にして繊細であった。

深沢の弟である貞造は、肝臓癌でぐったりとしている母親を背負って歩く兄七郎の姿を知っている。床ずれの激痛を少しでもとり除いてやるべく、くる日もくる日も、母の病体を腕で支えていた兄の姿も知っている。

弟貞造に兄七郎のことを語ってもらおう。

「柿の実が色づくのを見ると、いつもあの時の情景が思い出されます。痩せおとろえて骨と皮ばかりになって歩けなくなった母を背負って庭の木や花を見せて歩いた兄のうしろ姿。また永い病床の床ずれが化膿して痛くて苦しんだ死の直前の重い母の腰を数日間も必死でささえていた兄の両腕のことを。……（略）……あとで思い当った事ですが、兄が『人間の死』ということに対して深く考えたのは母の死に直面してからではないかと思います。……（略）……癌にかかったことを自分で気が付いたのが『楢山参り』を決心した『おりん』であったことに私が気付いたのは小説を読んでかなり経ってからでした。」(「兄のこと」『深沢七郎の世界』〈別冊新評〉第七巻第二号、新評社、昭和四十九年七月十五日、一〇四頁)

仔馬が母馬の尾に常にくっついて甘えているような「とうねっこ」であった深沢にとって、この母の死ほど悲痛なものはなかった。ここからこの母の死を人間死の理想にしたかったのである。

母の死は「おりん」の死であった。いかなる舞台を設営することが、「おりん」の死を人間の理想の死に結びつけられるかに、深沢は多くのエネルギーを注いだと思う。彼は彼一流の考えで筆を執った。「おりん」は生きのびるという人間の本能的なものを完全に捨て去ることが要求された。生きるという自己主張をしてはならないのだ。徹底した無私の精神を貫かねばならなかった。

「ムラ」の維持と人間

楢山参りをして死ぬ、という自殺行為であるが、絶体絶命の環境のなかで、自分の運命を従容として受け入れ、喜んで死地に赴くのである。これはどこか特攻隊の散華の精神に似ている。生き残ることなど絶対に無い環境のなかで、美しく死ぬとはどういうことか。「おりん」がめそめそと命乞いをしては、さまにならないのである。やがて確実に訪れるであろう死を、自分にどうやって納得せしめるか、尋常な人間にその解答をせまるのはきわめて酷というものであろう。それだけに「おりん」が美しく死に赴くための舞台は、それにふさわしいものでなければならなかったのである。

ムラの伝統的習俗のなかで、ほとんどそれは拘束されたルールのなかに、拘束されるがゆえに美しくあるという美意識をつくらなければならなかった。かぎりなく厳しい拘束が用意されなければならない。

いかなるムラを設営すれば、「おりん」の死が美しいものになるか。深沢は一地方の習俗に限定することなく、日本列島に見られるさまざまな掟を持ってくる。

主体の拡張を容認することの対極にあるものとして、深沢は「おりん」のムラを設定し、そのムラ維持のための掟を次々と考案する。

深沢の設定しているムラは、農業する土地としては劣悪な状況である。平地がないのである。平地がないということは米の収穫はままならぬことである。白米など「白萩様」と呼んで、よほどのことがないかぎり、口には入らないのである。

そういうところからも「おりん」の住むムラを深沢は貧しい農村として描き、その貧しい農村の掟も深沢流につくっている。

一定の収穫しかないこのムラには、人口の調節が不可欠となる。赤子を「間引」くか老人を捨てるかである。この村には七十歳になれば死の旅に出なければならぬ絶対的な掟がある。生産に従事できない老人は不要ということである。孫や、ひ孫にかこまれて、昔話を伝承しながら老人の役割を果たすといった民俗学的世界はない。そんなことは禁忌でさえある。この貧困のムラで飯を食うということは重大問題である。穀潰しという言葉があるが、それを可能にするのは丈夫な歯である。丈夫な歯があれば話にならない。その歯が不要なのである。これがあるために穀潰しになるのである。食料を食い潰しかねない丈夫な歯は、なんとしても楢山に登るまでには破壊しなければならないのである。

楢山へ参る老人にとって、最大の恥となるこの丈夫な歯を、「おりん」は何とかして打ち砕きたかった。息子の辰平の歯はかなり抜けているのに、「おりん」の歯はぎっしりと揃っている。これは大恥だ。何としても砕きたかった。

「おりんは誰も見ていないのを見すますと火打石を握った。口を開いて上下の前歯を火打石でガッガッと叩いた。丈夫な歯を叩いてこわそうとするのだった。ガンガン脳天に響いて嫌な痛さである。だが我慢してつづけて叩けばいつかは歯が欠けるだろうと思った。欠けるのが楽しみにもなっていたので、此の頃は叩いた痛さも気持がよいぐらいにさえ思えるのだった。」(「楢山節考」『深沢七郎集』第一巻、筑摩書房、平成九年、一五三頁)

「楢山まいりに行くまでには、この歯だけはなんとかして欠けてくれなければ困ると思うのであった。楢山まいりに行くときは辰平のしょう背板に乗って、歯も抜けたきれいな年寄りになって行きたかった。」(同前書、一五五頁)

丈夫な歯でも、毎日毎日ガンガン叩いていると弱くなってくる。しばらくして、石臼に自分の歯をぶつけたのである。二本だけ歯がとれた。欣喜雀躍したいほどだった。

貧しいムラゆえに、米一粒、芋一つが生死に関わるほど、重要なものである。したがって、それを盗むということは極刑に値する。絶対量がかぎられているムラのものを盗むということへの制裁は、何度死んでも償うことのできないほどのものであった。

「楢山節考」はこう語っている。


「食料を盗むことは村では極悪人であった。最も重い制裁である『楢山さんに謝る』ということをされるのである。その家の食料を奪い取って、みんなで分け合ってしまうという制裁である。分配を貰う人は必ず喧嘩支度で馳けつけなければ貰うことが出来ないのである。若し賊が抵抗していれば戦わなければならないので一刻も早く馳けつけることになっていた。戦うつもりで早く馳けつけるのであるから必ず跣で行くことになっていたのである。履き物をはいて行けばその人もまた袋叩きにされることになっていて、馳けつける方でも死にもの狂いである。」（同上書、一七三頁）

この最も重い制裁を受けるのは、「雨屋」の亭主である。この「雨屋」は二代つづいて楢山さんに謝っている血統書つきの泥棒の家と称されていた。「雨屋」を徹底的に攻撃し、息の根を止めることによって、ムラ全体の欲求不満を解消し、団結を強めていくのである。「楢山さんに謝るぞ！」という掛け声には、ムラ全体の共同の罪意識が隠されている。「雨屋」の犯した罪は、ムラ全体の罪になる。したがってムラ人全員で、山の神に謝るということになるのである。山の神の存在は近代人が想像するような単純なものではなく、ムラ全体を常に眼下に見て、その生活ぶりに関与しているのである。

こういう環境のなかで「おりん」は七十歳で楢山さんにお参りをする。この掟は、近代主義者にいわせれば、近代社会のなかで繰り広げられるヒューマニズムの対極にあるもので、前近代的呪縛そのものである。

近代主義的タームによって構築された幻想としての現実は、自我の確立を是として前進するという前提がある。深沢はこの幻想としての現実世界における価値を峻拒する。自我の拡大が人類の進歩向上につながるというモラルを、深沢は嘲笑している。

「おりん」は、いわば死を宣告された人間である。そして、その息子辰平はその「おりん」を楢山という死地に背負ってゆく義務を負っている。死の訪れるその日まで、「おりん」はその死とどう向き合うのか。

死を予告された人間が、その死の意味を熟考するなど、そう簡単にできるものではない。散りゆく自分を納得せしめる精神の淵源を、どこに求めればいいのか。しかし、このような質問は「おりん」には無駄である。思考は停止していなければならないのである。深沢はそういう「おりん」を描いている。ただ黙して、従容として死地に赴けばいいのであって、時期が早ければ早いほど、山の神は喜んでくれる。

楢山に登って、蓆の上に座る日こそが「おりん」にとって、自己完結の日なのである。

この「おりん」と対照的に深沢が登場させているのが、銭屋の「又やん」である。彼は最後まで命乞いをし、バタバタと暴れるのである。いかなる状況下であろうと、なお自分の命を欲しがるのが人の常であるならば、むしろ、この「又やん」が常人である。

死地に追いやられる時の「又やん」は次のように描かれている。

「又やんは昨夜は逃げたのだが今日は雁字搦《がんじがら》みに縛られていた。芋俵のように、生きている者ではないように、ごろっと転がされた。倅はそれを手で押して転げ落とそうとしたのである。だが又やんは縄の間から僅に自由になる指で倅の襟を必死に掴んですがりついていた。倅はその指を払いのけようとした。が又やんのもう一方の手の指は倅の肩のところを掴んでしまった。又やんの足の先の方は危く谷に落ちかかっていた。又やんと倅は辰平の方から見ていると無言で戯れているかのように争っていた。そのうちに倅が足をあげて又やんの腹をぽーんと蹴とばすと、又やんの頭は谷に向ってあおむきにひっくり返って毬のように二回転するとすぐ横倒しになってごろごろと急な傾斜を転がり落ちていった。」(同上書、一九四頁)

「又やん」は、深沢が構築したムラからは完全に捨てられた人間で、「おりん」の対極にある。

美しく死ぬということの裏に、巨大な死の恐怖があることを読むことはできないであろうか。母の死に直面した深沢は、この世の最大の不幸と恐怖をそこに見た。

彼は人間の一生を自然の摂理として受けとめ、人の死も木の葉の朽ちゆくがごとく描くところがあるが、これはその裏に死との並々ならぬ闘いがかくされているようにも思えてくる。

人の生死の単純化は、死の恐怖からの断固たる脱却である。生きることを軽視するのではなく、なんとしても死の恐怖を打破したいのではないか。

社会の常識、価値規準を根本から転覆させ、次のような狂気じみたことを主張するのも、その裏を読まなければならない。

「生きていることは川の水の流れることと同じ状態なのです。なんにも考えないで、なんにもしないでいることこそ人間の生きかただと私は思います。ただ、生きていくには食べなければならないのです。だからお勤め仕事もするのではありませんか。仕事をすることは食べること以外に意味を求めてはいけないのです。」(「人間滅亡的人生案内」『深沢七郎集』第九巻、筑摩書房、平成九年、三四九頁)

近代ヒューマニズムを信仰する人たちが積み重ねてきたものを、深沢はまるでそれに復讐でもするかのように、唾棄しようとする。人間という生きものは、食って、寝て、排出すればそれでいいので、それ以外の価値など人生に求めようとすることが間違っていると深沢はいう。

彼はなにゆえに、これほどの絶望の唄を歌うのか。これは死への恐怖を打ち消すための深沢一流の手法かもしれない。

「おりん」の死を人間の究極的理想の死として描くことと、人の死を清掃と同じであるとみなすこととは、深沢のなかで、なにも矛盾しないのである。

「おりん」の死に関する舞台で、深沢は「雪」を降らすが、これはいったいどういう意味であろうか。「おりん」が楢山に到達した直後、真白い雪が降るのである。息子の辰平は、「おりん」を山の神に捧げた後、帰途につくわけであるが、辰平は目の前に「白いもの」を見たのである。

「雪だった。辰平は『あっ！』と声を上げた。そして雪を見つめた。雪は乱れて濃くなって降ってきた。ふだんおりんが、『わしが山へ行く時ァきっと雪が降るぞ』と力んでいたその通りになったのである。辰平は猛然と足を返して山を登り出した。山の掟《おきて》を守らなければならない誓いも吹きとんでしまったのである。雪が降ってきたことをおりんに知らせようとしたのである。知らせようというより雪が降って来た！ と話し合いたかったのである。辰平はましらのように禁断の山道を登って行った。」（同上書、一九二頁）

この雪にはいかなる意味があるのか。ムラの掟を破ってまで、雪を「おりん」と共に喜びたい辰平、我を忘れて山を駆け登る辰平がいる。

この雪の「白」という色に注目してみたいと思う。

真白い雪はそれまでどれほど汚れた地面をも覆い隠してくれる。どんな汚れた過去でも消し去ってくれる。また、罪やけがれや災難も祓い、聖なる状態をもたらしてくれる。そしてさらに、白は「再生」の意味を持っている。

「おりん」は白雪に包まれながら、念仏をとなえているのである。

深沢の「庶民」

深沢の作品の一つに『庶民列伝』がある。「序章」のほか、「おくま嘘歌」、「お燈明の姉妹」、「安芸のやぐも唄」、「サロメの十字架」、「べえべえびし」、「土と根の記憶」、「変な人のところには変な人がたずねて来る記」がその内容である。

彼の描く「庶民」は、農民文学と称されるものに登場する「家」や「土地制度」に束縛され、「過酷な自然」に痛めつけられ、苦しめられて生きる農民そのものでもないし、また、社会矛盾に目覚め、社会主義運動、農民運動に日常を置く反権力的人物でもない。日本民衆の伝統的生活感情という地下水に測鉛を降ろした作品で深沢は、よく成功しているように思えるが、しかし、だからといって、柳田民俗学がキー・ワードとして用いている「常民」などといったものでもない。

深沢はこの「庶民」というものを明確に定義づけているわけではないが、消去法的に「庶民」から排除される人物を次のように描いている。

「どれもが庶民のすさまじいばかりな生き方を書いたつもりである。というより、私の書くもののなかの人物は美男美女とか、金持とか、立身出世した人物などは出て来ない。……(略)……私のまわりの人物たち、私が交際する人たちはステキなダイヤの指輪などをしたり、真珠の首かざりをしたり、軽井沢に別荘などを持っている人たちではないということ、それは、そういう人たちとは交際することは私は苦しいのではないだろうか。つまり、私自身が庶民だからだと思う。」(「変な人のところには変な人が訪ねて来る記」〈『庶民列伝』あとがき〉『深沢七郎集』第四巻、筑摩書房、平成九年、二〇八頁)

深沢に「庶民のすさまじさ」など書けるはずがないと酷評する人もいるが、どのような立場に立とうと、民衆の実態を正確に表現することなど、もともと不可能にちかいことである。

イデオロギーに翻弄されようが、されまいが、それぞれがそれぞれの視覚と嗅覚で、把握、表現しようとするわけだから、「庶民」の貌がそれぞれ異なってくるのは当然のことであろう。

問題は、ある一つの固定した近代主義的言語と論理でもって人間を把握しようとする学問的姿勢そのものにある。

現地での調査、発掘、それに基づく報告というものを金科玉条のごとく信仰している知識人がいるが、民衆の日常と第三者によるその日常の記録とか報告というものとの間には、埋めることのできないほどの溝があることを知る必要があろう。

「庶民」と類似した概念として、民衆、大衆、人民、労働者、常民などが、さまざまな領域で使用されてきた。

それぞれニュアンスの違いはあるが、共通していえることは、彼らは実に弱い存在であり、常に騙され、絞り取られ、虐待され、血と涙を流しながら堪え忍んでいる姿として描かれてきたことである。

この弱い立場にある人間を、救済し、解放し、正義の象徴に仕立てあげてゆくことに同調しておれば、「知識人」として、「文化人」として認められるという風潮は、いまもってなくなってはいない。

たしかにプロレタリア文学や農民文学の寄与した面も大きいが、ともすればそれらが、弱者の実像よりも、「こうなければならぬ」、「こうあってほしい」という理想的固定観念とでもいうものが強くはたらいてはいないか。

ヒューマニズム、理性、同情、合理性といった類の裏にあるものを見破ることもできない「知識人」、「文化人」を、深沢は全身で嘲笑しているようなところがある。

深沢の『庶民烈伝』には、いろいろな「庶民」の特徴が描かれているが、「語るも涙、聞くも涙」といった類のものではなく、乱暴で、デタラメで、厚顔で、滑稽で、ずるがしこいが騙されやすく、わがままで無作法で、いわゆる知識人たちが描く常識からは、大きくズレている。
たとえば自然の力を借りてでも他人の不幸を喜ぶ次のような例をあげている。

「雨が降りつづいてその隣家では洗面器やバケツやタライを家の中に並べて防ぐのだが、それでもまだ畳が水に濡れるのである。雑巾で畳を拭いてはしぼってまた拭いているのだが、それより外に方法はないのである。隣の家ではそれを知っていて、ふだん、憎いくと思っているのでカタキを討つのはこんな時だと、(もっと降ればいいなア、いいキモチだなア)と口では言わないが、腹の中では思っているのである。(もっとく降れく)と天に祈っているのである。」(「庶民列伝」序章、『深沢七郎集』第四巻、筑摩書房、平成九年、三六頁)

人間の基本的欲求の一つである「食う」ということに、「庶民」の姿がよく表われるとみえて、深沢はこんな「競争」の例をあげている。

「『志る粉の喰い競争で、ドンブリで、私の友達は7ハイ目に鼻から志る粉を出して、その志る粉が自分のドンブリに入ってしまって、それで、食べるのがイヤになって、それで、負けましたよ』…（略）…喰い競争ではなくても私などは食べるのは早い方である。私の友人は私よりももっと早いのである。いつだったか友人を3人連れて牛込の知人の家に行った時だった。その奥さんがお寿司を出してくれたのである。タライの様な寿司盆にギッシリ寿司が並べてあって、『どうぞ召し上がって下さい』と言って奥さんは寿司盆を置いて、ちょっと横をむいた。そうして、ひょっと見るとお寿司はもうほとんどないのである。」（同上書、一六～一七頁）

次は食べ競争ではないが、食べ物の組合せというものが、なんともいえない興味あるものになっている例を持ちだしている。コッペパンと味噌汁の組合せである。

「その家は製本屋で、私とは親しい交際である。昼飯どきに行った時だった。子供は学校へ行っていて、夫婦で食事をしようとするところだった。お膳の上にコッペパンを2ツ並べて、茶碗に朝飯の残りの冷たいミソ汁がこぼれそうによそってあって、『いただきます』と奥さんが言ってお膳にアタマをさげた。そこの御主人も、『いただきます』と言って、奥さんにつづいて、お膳にアタマをさげた。」（同上書、一〇〜一一頁）

コッペパンに牛乳とか、茶漬けに沢庵ならわかるが、この組合せはなんとも奇妙である。しかも、これは無理矢理にそういう組合せをつくって人を笑わせようとしているのではなく、自然にそうなっているのである。この二つのものの組合せを、「文法」なき組合せと称したのは中沢新一である。彼はこんなふうにいっている。

「ミソ汁とコッペパンは、それぞれちがう食べ物のカテゴリーに属している。ふつうの『お高くとまった』家庭などでは、ミソ汁にはそれにふさわしい食べ物が組み合わされ、コッペパンはまた別のたべものと一緒になって出されることになっている。…（略）…この製本屋の御夫婦は、そんな食事の『文法』なんかにはおかまいなしに、途中のつながりをぶっとばして、ふつうは遠く離れているものを、まったく『乱暴』にひとつに結びあわせて、それを平然と受け入れてしまう。」(「丸石」『深沢七郎集』第九巻の「月報」(9)、筑摩書房、平成九年、七頁)

従来の多くの民衆論(文学、社会科学を問わず)が、ある一つの幻想にとらわれながら存在していたのに較べ、深沢のそれは違う。

何が深沢にこういった「庶民」を書かせるのであろうか。彼も「庶民」の日常性そのものを描き切れるなどという思いあがりを抱いているわけではない。ただ、いえるのは、民衆はいつも正しく、貧しく、純粋で、素朴であるといった前提を持っていないということである。

主体的、自立的個人、自我の確立を目指す人間が登場してくれなければ、「知識人」や「文化人」の民衆論の前提は根底から崩れることになる。その主体性を実現するためには、諸々の呪縛を容認している諸制度、諸機構、そしてそれに基づく雰囲気を崩壊せねばならぬことになる。

深沢はギターは弾くが、学問的に近代の「毒」は飲まされてはいない。つまり、彼は近代主義的知識人の仲間ではない。

近代主義的「知」の立場からいえば、人間という生物は、多くの場合、ある一つの枠のなかで啓蒙され、生きる道を指示され、ある価値尺度を押しつけられる。そこにおける人間の価値は、量的違いはあっても、質的なそれはないことになる。深沢はこの常識という次元から大きく逸脱することによって、常識が見失ってきたもの、しかも、それが人間の本質に深く関わるあるものが見えたのではあるまいか。表面的に「善」と見られているものの裏にかくされた「悪」、「虐待」、「差別」、「抹殺」を覗くことができたように思われる。

「楢山節考」を考察する際、三島由紀夫が驚愕したのは、深沢にそれなりのものがあったからで、深沢は三島を驚かせるために書いたわけではないが、おそらくそこには、日本の近代主義者と呼ばれる人たちの尺度では、はかることのできないものがあったのであろう。近代主義の「毒」を飲めば飲むほど、深沢に虚をつかれ、驚愕させられる。

深沢は近代主義が構築した現実世界での価値も尊厳も受け付けない。多くの「知識人」たちがつくった民衆像に対し、深沢の「庶民」は、ある時は牙をむき、ある時はそっぽを向く。いまだに世間で信頼され、信仰されている「近代的人間像」に、深沢の「庶民」は、復讐を試みているようにも見える。

深沢の死生観

深沢は「楢山節考」選考に関わってくれた三島由紀夫のあの割腹という衝撃的事件をも、自殺は自然淘汰であり、人間に与えられた浄化の運動だといい切っている。

「ああいうのは額面どおり受け取っていいんじゃないですか。ああいう人がありますよね、国防だと言って、そのために命を投げうつという… それを額面どおりに受け取っていいんじゃないですか。いろいろな人がいろんなことを言っているけれど、私はそんなに勘ぐらなくて、ただ国防を叫んで自殺したと受け取っていいんじゃないかと思いますよ。要するに自殺というのは自然淘汰だと思うんです。昆虫とか動物には、自殺はないでしょう。人間にあるというのは、人間だけにある自然淘汰ですよ。」(『深沢七郎の滅亡対談』筑摩書房、平成五年、一二八頁)

なんという非情さ、であるかといって深沢を攻撃しても、彼はいささかも動揺することはあるまい。深沢の心中を支配しているものは、人間という生物も、大自然の法則の前で、死を従容として受け入れるものだという運命観を持っているからである。

だいたい人間が生甲斐を持ったり、人生の目標を持ったりすることも、深沢にはまったく意味のないことと認識されているのだ。

人間が長い年月をかけて英知をしぼり、苦悩の果てに辿り着いたものが、この腐敗しきった現実であるならば、このような英知のしぼりなど、はじめから不要だったのではないか。

人間はただ生れ、ただ死んでゆく、一人が死んだのちにまた新しい生命が誕生する。

人間の生物としての究極的存在を深沢はいっているのである。人間が十全な生き方をしていれば、生甲斐や人生の目標は不要である。十全な生き方を忘却し、捨ててきた人間は、常に生甲斐をもとめたり、人生の目標を探したりしてつまらない迷路に深く深く踏み込んでしまうのである。

生産力の向上を絶対的価値基準だと信じ、その方向、そのためにだけ生きることを生甲斐とせざるをえない現代人の悲哀を深沢はよく知っている。

生産力至上主義の延長線上にある現実世界がつくりだす数々のルールから脱落して生きる「庶民」に深沢は人間の悲哀と喜びを見ている。こういう「庶民」の真姿を見抜く力は普通ではない。普通の者では覗くことも、嗅ぐこともできないものを彼は覗いたり、嗅いだりできる。

鬼窟からでてきた鬼的なものを私は深沢のなかに見る。鬼的といっても羅刹や夜叉のようなものでもなく、徹底的に権力に反抗するものでもなく、ただ、今生の常識的世界からは大きく逸脱し、反常識、反秩序といった世界で、深い闇を引きずりながら、ひっそりと生息しているという謂である。

彼は定着することを好まず、職業もあれこれ転々とする。そのような空間のなかで醸成された漂泊的情念とでもいうようなものをつっかい棒にして、常識的秩序に冷酷な視線を投げかける。定住せず、孤立化し、濃密な交流者でも一瞬にして切り捨てるような状態を彼は好む。気が楽で安定するのであろう。

「奇」とか「ズレ」とか「隠」というものが交錯する日常性を欲しがる深沢は、その対極にある常識的世界が怖いのである。

深沢の「庶民」も世間の常識が、ことのほか気になる。恐ろしいのである。

深沢も「庶民」も奇行の数々を重ねながら、その恐怖から身をかわそうとしている。

ムラに存在する集団的、共同体的雰囲気が異常に恐ろしい。ムラの会合に農民の一人として出席している時など、めまいをおこすくらいその雰囲気に恐怖を感じる。はやくその雰囲気を持っている集団から逃走したい。この逃走は封建的呪縛からの逃走ではない。

善であり、正義であるがゆえに追儺にあった鬼が、山から降りて、平地人の雰囲気や規矩に戦慄すると同時に、強烈な猜疑心を抱いている姿とどこかつながるものがありはしないか。

深沢および彼の「庶民」は人間が怖い、世の中が怖いというが、逆に世の中の常識からいえば、深沢の言動が怖いといえよう。深い闇のなかでの呪術性、残虐性、悪魔性は常識人の神経を硬直化させる。

彼は日本の近代がつくりだした常識の枠から、はみだした世界に住んでいて、そこから人間を見、その臭いを嗅いだ。はみだした世界に住んでいればこそ、通常の視覚や嗅覚ではとらえられない領域にあるものを、彼は見たり、嗅いだりできたのである。

つまり押し潰されそうになって、暗闇に放置された美しいものを引き上げることができたのである。

深沢はこの世の常識からいえば、間違いなく異端者であり、けっして凶暴ではないが、この世に安住の地を求めることができずにいる鬼的存在である。

今生の常識や規矩から大きくはずれて生きる鬼的存在は、どこを探しても尋常な手段による他との交流も共存もありはしない。あるのは、自分の漂泊的人生のなかで醸成され、積み重ねられてきた反秩序、反権威、反権力的情念でもって、現実を横行している聖人、君主などに投げかける冷ややかな視線である。

権威、聖なるものの偽善を暴露し、奇や異端を、それらに対峙させる深沢の心情は、鬼的、そして漂泊者のつぶやきなのではなかったか。深沢独自の視覚、聴覚によって役者を選び、独自の舞台を設営し、唄わせ、踊らせたのか。

深沢の人生は、じつに非定住者、漂泊者のそれであり、流浪の旅そのものであった。仕事も住所も転々としている。

漂泊性、流浪性、放浪性が数々の芸能の原点になっていることはいうまでもないが、深沢の場合も例外ではない。彼はそこを原点にしていたからこそ、『楢山節考』などの作品で成功したのである。

深沢は「ラブミー農場」で畑仕事を現実に行ったことがあるが、じつはそのような地点に立っているのではない。そのようなところとは異質の地点に立って、農民、「庶民」を描いたのである。

農民、農村に関するものを執筆の対象にしているからといって、彼が土着的思想を形成し、それを自分のものにしながら、発言したということにはならない。深沢が覗き、嗅いだ農の世界、「庶民」の世界は、彼独自の立場と手法でのものであって、それによって、農や「庶民」の全貌が客観視できたということではない。

ただ深沢の立場と手法によって、これまで虚飾と幻想によって不透明になっていた領域が、次々と姿を現したのは事実である。

主要参考・引用文献（深沢七郎の作品は省略）

「深沢七郎と野坂昭如」『国文学・解釈と鑑賞』第三七巻七号、至文堂、昭和四十七年
秋山駿『作家論』第三文明社、昭和四十八年
「深沢七郎の世界」『別冊・新評』第七巻第二号、新評社、昭和四十九年
「深沢七郎と五木寛之」『国文学』臨時増刊号、第二十一巻八号、学燈社、昭和五十一年
尾崎秀樹『異形の作家たち』泰流社、昭和五十二年
松永伍一『土俗の構造』河出書房新社、昭和五十二年
松本鶴雄『現代作家の宿命』笠間書院、昭和五十一年
大里恭三郎『井上靖と深沢七郎』審美社、昭和五十九年
松本鶴雄『深沢七郎論』林道舎、昭和六十一年
遠丸立『深沢七郎』沖積舎、昭和六十一年
折原脩三『深沢七郎論』田畑書房、昭和六十三年
福岡哲司『深沢七郎ラプソディ』ＴＢＳブリタニカ、平成六年
新海均『深沢七郎外伝』潮出版社、平成二十三年

東井義雄の思想

東井義雄（トウイ ヨシオ） 1912-1991 教育者

1912 年（明治 45）兵庫県出石郡但東町に生れる。家は浄土真宗の東光寺という寺であった。

1932 年（昭和 7）師範学校を卒業後、豊岡市豊岡尋常高等小学校に着任。以来 1972 年（昭和 47）の定年まで 40 年間の教員生活を送る。その期間、多くの論文を発表、綴方教育界でその存在を認められる。退職後は講演会等で全国を巡るとともに、大学非常勤講師など引き続き教育に携わる。教育者としての社会貢献を認められ、1959 年（昭和 34）ペスタロッチ賞などをはじめ受賞歴多数。著作に『村を育てる学力』などがある。

東井義雄のおいたち

東井義雄をいま知る人は、教育界のある一部の人々を除いてはそう多くはなかろう。彼は明治四十五年、兵庫県出石郡但東町に生れ、姫路師範学校卒業以来、兵庫県下の小・中学校の教員生活を長年続け、昭和四十七年、兵庫県養父郡八鹿小学校の校長を最後に教育界を引退している。

ここでは長年にわたる教員生活で見せた東井の一つの信念に照明を当て、その信念が時代の流れに翻弄されてゆく「さま」に言及してみたい。

彼は浄土真宗の寺、東光寺に生れたのであるが、その寺の極小の姿、貧乏な姿を彼自身次のようにのべている。

「貧しい民家のむらがる中に、大きな屋根が、ひときわ高くそびえているような寺を寺だと思い描いている人たちは、わたしの寺をみたら、きっと日本にもこんな貧弱な寺があったのかと驚くにちがいない。わたしはそういう貧しい寺の長男として生まれた。(1)」

東井が小学一年生のとき、母親は他界する。父親は自分を生んだ祖母とははやくに死別し、継母のもとで苦しみ、義雄が二十八歳の時、妻を失うという悲哀を背負った人であったという。こんなことを東井はいっている。

「わたしの母がなくなってからでも、父の終焉までにわたしの家からは六つの葬式を出している。父はよく酒を飲んだが、酒にでもまぎらわせねば、どうにもならないものが父にはつきまとっていたのだと思う。(2)」

貧しい寺ではあったが、この寺で彼が育ったということは、彼の人生に、はかりしれない大きな意味を持つことになる。父親のいない時など、母親と並んで仏前に額突き、手を合わせていると、仏の微笑と母親の微笑が重なり自然に頭が下がったという。人の幸福というものが奈辺にあるかを、東井はこういった環境のなかでつかんでいたのであろう。したがって彼がのちに唯物史観的思想を頭のなかで学習したとしても、彼のこころの底には、それとは異質のものがつきまとっていた。

貧困を日常として育った東井には、一日もはやく稼げるようになりたいという一途な欲望があった。彼の向学心を喚起したものはこの貧困からの脱出であった。

上級学校（旧制中学）への進学を熱望したが、家庭の経済的事情を理由に父親は許可しなかった。しかし東井は自分の進学熱を消すことはできず、三日三晩、父親の枕もとに座して懇願した。入学試験だけは受け、合格しても進学はしないという奇妙な約束ごとが二人の間に成立した。京都の平安中学に合格するが約束通り進学は断念した。通信教育を一時受けるが、その後、姫路師範学校に入学する。この学校も東井の志を満足させてくれることはなかった。しばらくすると彼の意識は次のような「野望」にかわる。

「学年が進むにつれて、私のクラスにも、高師進学を目ざして勉強する仲間がはっきりしてきた。私は仲間が高師を出て、中等教員の免状をとるよりも先に、文部省検定でその免状をとろうと志した。『倫理』と『国漢』を目ざすことになった。(3)」

当時、東井の心中に去来していたものは、きわめて世俗的な処世哲学であった。学歴とか身分、出世といったものに執拗に拘泥する東井の姿が見られる。

しかし、現実世界での彼の望みは実現することなく、昭和七年に彼は地元の豊岡小学校で教鞭を執ることになる。どちらかといえば不本意であったこの豊岡小学校で、東井は革命的意識改革を余儀なくされたのである。それはそれまで当然のことのように思い描いていた立身出世的世俗欲望を断ち切ることであった。中等教員をめざして準備し、使用していた参考書などはすべて古書店に運んだという。

このような地方に生きる教師が中央志向、立身出世志向を持って必死にその階段をよじ登ろうとする姿を見せるのは、何も東井だけのものではない。青年団の生みの親といわれ、『田舎青年』（明治二十九年）という著書で有名な山本瀧之助なども広島県沼隈郡の小学校教師をしながら中央志向を強く持った青年の一人であった。国家からも中央の論壇からも見捨てられた地方の若者の怨嗟の感情を余すところなく披瀝したのである。青雲の志を持った山本は、当時中央論壇で活躍していた人物に書生を希望したりしている。やがて彼は地方青年の集団（若者組、若衆組）を、全国的青年団組織に持っていくことで、自分の名を中央に知らしめた。

東井の思想と時代背景

東井が教師になった昭和七年前後は、日本経済は不景気のどん底にあった。次々と露呈する諸々の現実世界の矛盾を、彼は日常的に深刻な問題として把握し、この矛盾の解明の一つの糸口として唯物史観の世界、プロレタリア文学の世界に関心を抱いていった。

東井はこうのべている。

「私はプロレタリア文学に惹かれ、三木清や戸坂潤、大森義太郎……というような人のものを読みあさった。そして、ぐんぐん唯物史観にひかれてゆくことになった。それまで、ばくぜんとしか意識しなかった世の中の矛盾が、唯物史観の目が開けるにしたがって、だんだんはっきり見えはじめた。道徳も宗教も、みな支配階級を守るためのものであったのかと思うと、寺に生まれたことさえ悔やまれた。(4)」

彼は世俗的立身出世主義に拘束されていたふがいない自分と決別したかった。

それと同時に彼のこころをとらえたものは、真面目に働く人間の貧困、不幸の淵源の所在を探ってみたいという思いであった。

法も道徳も宗教もことごとく支配階級が彼らのために作り、それらを支配の道具とし利用しているのだ、との思いを表面的にしろ東井は抱いていたのである。

このいわゆる唯物史観に立つ「左傾」というものが、彼のこころの最も深いところから湧出していたものであるかどうかについては、先にも触れたようにいろいろと検討の余地があるであろう。

多くの知的青年が邂逅した一つの流行としてのマルクス主義があるが、東井もその一例であったかもしれない。

しかし、それが一時的な流行に流されたものであったにしても、世間の常識からすれば、ことに官憲の目からすれば、彼は許してはならない要注意人物であった。

東井の周辺にも監視の目が光っていたことは、なにも不思議なことではなかったのである。

官憲の目から一時的にでも逃れようと、諸々の擬装工作がなされたが、東井も次のようなことをやったという。

彼はこういう。

「思想統制が日に日に強化され、あちらでもこちらでも進歩的な教師が検挙されはじめた。私自身、道を歩けば道で、汽車に乗れば汽車で『実は警察の者だが……』という人から、尋問を受けるようになった。唯物論関係の書物をしまい込み、杉浦重剛氏の『倫理御進講草案』を買ってきて、書だなに並べ、自分の思想を擬装するような時代になっていった。」(5)

このような一時凌ぎで自分がいつまでもごまかせるものではない。猛烈に反省する時がくる。わが子の重病に直面し、その「いのち」のいただいてあることの、ただならぬことを実感する。東井は次のような思いを抱くことになる。

「今夜一晩持つまいといわれていたのに、脈をにぎりしめている私の耳に、夜半零時をしらしめる時計の音が聞こえた時『ああ、とうとう、きょう一日は、親と子がいっしょに暮らさせてもらうことができた。今からはじまる新しいきょうも親と子がいっしょに暮らさせてもらえるのだろうか』と思うと、子どもが元気な時には、なんでもないあたりまえのことに思っていたそのあたりまえの中に、ただごとでない私のしあわせがあったのだということを思い知らされた。『仏』は私の向こうにではなく、私の背後にいていたのだ。(6)」

「生きてあること」、「いのちのあること」は、ただごとではないとの認識をここで東井は自分のものにした。一時的な彼の「左傾」などは、彼の内面の深いところから湧出してきた結果ではない。当時の知的青年のこころをよぎった一つの流行でしかなかった。立身出世主義が世俗的名誉欲の一種であったことはいうまでもないが、この「左傾」もかたちをかえた名誉欲であった。流行を追うだけのような借物は、拾うのも簡単であるが、捨てるのも困難なことではない。

近代日本における「転向」が一つの流行のようになって現実化したのも、彼らの抱いていた左翼思想が、輸入品であって、内発的なものではなかったことと大きく関係する。東井もその傾向を完全にまぬがれてはいない。唯物史観も無神論も彼の心中では、いつの間にか瓦礫と化していた。

幼子が神様の前で柏手を打ち、小学生が奉安殿の前で頭を深々と下げる姿は偽善なのか。そして自分の良心を偽って柏手を打ち頭を下げている姿が、そんなにも煌々しいものなのか。子どもが真で、自分が偽であることを認め、東井は肉体にちかいところの思想に戻ったのか。

これは思想というよりも、「いのち」の直接的表現である。

東井の精神は次のように変化していった。

「身近な人びとがぞくぞく戦地に送り出されるようになり、学校でも戦勝祈願の神社参拝が当然のことのようにおこなわれるような時代になっていった。わたしの力などではどうにもできないことであった。神社に出かけても、かしわ手をうたないことで、かろうじて自分を慰めるような何年かがつづいた。転向者が続出し、転向者の手記をむさぼり読んで、わたしの内部に矛盾があるなら、それに目覚めて、わたしもかしわ手がうてるようになりたいと思うようになった。こうしてわたしの転向がはじまり、いろいろなできごとにぶつかるなかで、とうとうわたしは、祖国日本に完全に頭があがらなくなってしまった。(7)」

自分もあれこれ理屈をこねまわすことなく、自然の感情で、素直に柏手を打ちたいという思いが東井の胸中にせまってくる。これまでの人為的なものが信じられなくなるのであった。思想よりも感情が優先するようになる。思想はきわめて複雑な感情をある時裁断してしまう。人間にとって生命線というようなものまで切り捨てることがある。

東井は思想やイデオロギーを超越した、もっともっと深いところに存在するであろうところの民族や家族や村落の真髄に触れたいと思うようになるのだ。

「学童の臣民感覚」

東井は精神の変容を経て、昭和十八年『文芸春秋』五月号に「学童の臣民感覚」を書いたのである。生きてあることのただならぬことに感謝しつつ、この文章は次のようにはじまる。

「大いなる戦のさ中にあって、日毎に深めしめられる痛切なおもひ、それは、私が生きてゐるといふこと、私がいのちをいたゞいてゐるといふことのたゞごとでなさのおもひである。まことにこれは、たゞごとではない。しかも、何といふ鈍感さであったのだらうか。…（略）……私のまはりに、荘厳ないのちの数々がみちみちてゐて下さる。そしてその中に私のいのちがある。美しく尊いいのちのさ中に、私が生かされてゐるといふこと、これは何としてもたゞごとではない。あまりにも身の程すぎた尊いことであるやうに思はれてならぬ。(8)」

東井はここで精神の安住地に到達したのである。これまで、いろいろと身の置きどころを変えてみたが、いま一つ彼の精神を無理なく、静かに満足させてくれる場所はなかった。激しい左翼運動を実践していたわけではないが、それでも東井にすれば、国家権力の恐怖は少なからず感じていたであろう。

「臣のいのち」について彼はこういうのである。

「私のいのちも子供たちのいのちも遠い祖先たちに続き子孫に続き、一億とつながる縦横無尽の臣のいのちなのだ。…（略）……臣のいのちがあるといふこと、それはそれに先立って大御光があったといふこと。天孫御降臨も、神武天皇の御創業も日本武尊の御苦労も神功皇后の御ことも、聖徳太子の御悲願も、御鳥羽上皇、後醍醐天皇、孝明天皇、明治天皇の御悲願も、どれ一つとして皇国の御本願の開顕でないものはない。それは、私たちが臣のいのちに目覚めるといふことさへも、目覚めるのではなく、目覚めしあられるのだと知らせていたゞくべきであらう。万世一系の皇統、それは、時間と空間を貫く無窮の御本願と知らせていたゞくべきであらう(9)。」

この心情世界に立ちいたったとき、東井はだれに遠慮することもなく、自分の良心に恥じることもなく、神社に深々と頭を下げ、柏手を堂々と打つことができたのである。彼の魂はついに満たされたのである。

近代日本の知識人の多くが、ヨーロッパから学び、身につけたと思っていたものは、じつは自分たちが長年拘束され、影響を与えられてきた人や環境とは無縁のところで、輸入されたものであった。

したがって、そこには激しい格闘のあともなく、観念の世界にのみそっと置かれたものであった。彼らは自分の肉体を通っていない思想や哲学を「知の世界」

だと錯覚した。思想的に成長するということは、現実との厳しい格闘のなかから、一つ一つ紡いでゆくことであるが、わが国の知識人の多くは、自分の体内にある根源的なものを、ひたすら隠し、輸入したアクセサリーを次々と寄せ集めてゆくことに血道をあげた。したがって権力による弾圧が厳しくなれば、迷うことなくその装飾品を投げ捨て、元の自分に回帰してゆく。知識人東井もその例外ではなかったかもしれない。しかし、この元の自分というものが、民衆や子どもたちのものではなかった。作為的天皇制イデオロギーを自分のものとして感じ、それを他にも押しつけるところが彼にはある。

仏教世界でいうところの他力本願と皇国臣民として天皇に命をあずけることが合体してしまう。東井は子どもたちに「紀元二千六百年史」をつくらせようとする。これは単に史実を並べるというものではなく、「日本の国史を貫き給ふ皇国無窮の御本願を、ひたすらに拝ませていたゞき、その礼拝の記録をつくらうといふのであった。(10)」という。

天皇崇拝者東井が子どもたちに皇国日本の歴史を強要している姿がここにはある。天皇の尊さを書こうとする子どもに、東井は「理屈で書くな」と注意し、何回も修正を命じる。やっと東井が満足するものを、その子どもが書いた時、自分の筋書通りになったとして次のように喜ぶ。

「私は子供たちに『二千六百年史』を書かせながら、子供たちの臣民感覚によって、私自身の臣のいのちを愈々深く知らしめられた。子供たち自らも、わがいのちのたゞごとでなさを歓喜してくれた。(11)」

なんというおめでたい歓喜であることか。東井の理想郷は、子どもたちや民衆の日常的生活心情とは違うものだったのか。彼のいう「臣のいのち」とは、彼が作為した一つの理想型であって、子どもや民衆の生活領域から生れてきた原初的なものではなかったのではないか。もしもその原初的なものに下降し、執着してゆけば、それは国家の作為的幻想的思想などとは、相容れないところに到達したはずである。

国家がどれほど巧妙な吸引装置を用いたとしても、民衆や子どもたちの思いがすべて国家の意のままになるものではない。権力機構の一つとして、それも小さいものではあるが、小学校という枠内で東井の主張は受け入れられ、子どもたちも東井に協力したのである。

東井がもし、「臣のいのち」とは違う村の子どもたちの日常の「いのち」のただならぬことに執着し続けていたならば、それはそれで完結し、その個別的なものは、普遍的なものに通じたであろうが、彼はその道を選ぶことなく、政治によって利用される結果となる。

ついに彼は完全な軍国主義的教育者、皇国民養成者として教壇に立つ。そこにはもはやいささかの迷いも不安もない。皇国のために生命をささげる天皇制イデオロギーの信奉者の姿があるばかりであった。

東井の沈黙

軍国主義的教育者になってしまっていた東井は、戦後世界をどのように生きたのであろうか。彼は十年余りの沈黙を続けたのである。この沈黙について次のような評価がある。

「戦後十年間の東井の沈黙は、『学童の臣民感覚』の著者として、世にでる社会的チャンスを失ったという条件を別にすれば、敗戦とともに、その戦争責任を自分の人生の出発点から吟味しなくては、自分が立っていられないという地点に自らを追いこんだことによる。このことのゆえに、彼は、多くの教師たちがそうであったように、戦時中の自分の言動にのみ自分の戦争責任を限り、それをはぎ取れば無罪になるという総転向派に与することができなかったばかりでなく、戦時中の衣を一枚脱いだ下にでてくる左翼時代の自分を、戦後マルクシズム急進主義者と同一視することもできなかった。(12)」

少なくとも東井は、あの戦争は自分に責任はないとは考えなかった。過去のことは忘れ、未来の日本のために元気よく、はつらつと民主主義国家形成のために働けばよいともいわない。

東井は沈黙ののち、「学童の臣民感覚」に象徴される自分の言動を厳しく反省し、懺悔した。自分の犯した罪、責任の大きさを自覚し、自らに戦争犯罪人の烙印を押した。自分の醜態ぶりに関して次のようにのべている。

「戦時中、私は、心からの戦争協力者であった。正真正銘、そうであった。(13)」

「私は死ねなかった。生きながらえた。明らかに、本気の最も本気の戦争協力者であった私。死ねなかったのなら、せめて、責任を負って教職を退くべきであった。それが当然のことであると思ったから、私は、その記念樹まで植えた。……（略）……意外にも、適格審査委員会は、私を『適格』と判定した。『適格』であるかどうかは、委員会よりも、私の方がよく知っている。だから、私は、たとい『適格』と判定されても職を退くべきであった。[14]」

「私は、今まで述べたように、正真正銘の戦争犯罪人である。本気になって教え子を戦場に送り、国に殉ずることの美しさを説いた人間である。教え子や私に共鳴してくれた若い学徒はその道を行ってしまったのに、私自身は、いのちをどころか、教職をさえもなげうつことができずに、のうのうと今日まで長らえてしまったのである。[15]」

懺悔したから許されるという問題ではないが、戦争責任を政府、軍部などに押しつけ、自分の責任を回避しようとする知的雰囲気のなかで、自己反省のできる教師はそう多くはなかった。その点で東井は一人の良心的教師のように見える。しかし、なんといっても東井は、死ぬでもなく、教職から去るでもなく、「教職適格審査委員会」から「適格」という判定を受け、教師を続行したのである。

卑怯者、無責任、日和見主義といった罵声もあびせられたにちがいない。そういう罵声があろうとなかろうと、軍国主義、皇国民養成教育を積極的に支援してしまった自分を恥じたのである。

唯物史観、無神論崇拝者に回帰することもできず、そうかといって、天皇制絶対主義にこだわって自害して果てることも不可能だったのである。そういう勇気もなかった。

自虐的に働き、いま生きている子どもたちの「いのち」の成長を助けることに没頭するしかなかった。黙って働いたのである。執筆依頼に応じることなどありえないことであった。

しかし、問題はこの黙った生活とその後の彼の生き方がどのようなかたちで結びつくのかということである。沈黙を堅持したからといって、すべてが免罪されるというものでもあるまい。沈黙の間に、東井の胸に去来していたものは何だったのか。こころならずも戦争に協力した人間ではなく、彼は積極的に戦争に子どもたちを追いやった人間である。そういう人間は、新時代が到来したからといって文章を書いてはならないと東井は禁欲しているが、私はその禁欲が問題だと思う。沈黙ではなく、徹底して発言すべきであった。むしろ、こころならずも戦争に協力した人間などに戦争責任とか平和の問題を語らせてはならない。「私は騙されていた」とか、「あの時の自分は狂っていた」、「全体の空気がそうだったから仕方なかった」というような、いいわけをしながら戦後を生きた人間がどれほど多かったことか。彼らの発言が、こと戦争責任の問題に関して、戦後社会に影響を与えることはなかった。そうではなく、「あの戦争で自分は与えられた任務を懸命に果した」、「あの戦争の是非はともかく、私は積極果敢に闘った」という人たちの声だけが、戦争責任、平和主義に重い意味を持つのである。私はそう思う。

たとえば、例の「戦艦大和」に副電測士として乗組み、九死に一生を得て生還した吉田満（昭和七年～昭和五十四年）の発言は、そのことに関しての辛辣にして重大なものである。吉田は終戦の直後、ほとんど一日でもって『戦艦大和ノ最期』を書いた。その「あとがき」に次のように記している。

「執筆の動機は、敗戦という空白によって社会生活の出発点を奪われた私自身の、反省と潜心のために、戦争のもたらしたもっとも生ま生ましい体験を、ありのままに刻みつけてみることにあった。私は戦場に参ずることを強いられたものである。しかも戦争は、学生であった私の生活の全面を破壊し、終戦の廃墟の中に私を取り残していった。——しかし、今私は立ち直らなければならない。新しく生きはじめねばならない。単なる愚痴も悔恨も無用である。——その第一歩として、自分の偽らぬ姿をみつめてみよう、如何に戦ってきたかの跡を、自分自身に照らして見よう——こうした気持で、筆の走るままに書き上げたのである。(16)」

吉田は自分の記憶の覚めやらぬうちに、ありのままの心情と状況を客観視しようとした。その場合、「愚痴も悔恨も無用」だったのである。彼はこれが今生の別れかと思い、あらんかぎりの情熱と力でもって、敵と闘ったのである。正邪を超えたところに彼の情念はあった。

いかなる強制があり、理不尽な命令があろうとも、最後の一瞬に生甲斐を感じて何がわるいという思いが吉田にはあった。

文字通り生命を賭して闘った人間が、戦争終結と同時に、民主主義や反戦の旗をふりまわし、平和主義を高唱するなど、本来できるものではない。

散華世代にとって、戦争の終わりは、その戦争との断絶やそれからの解放を意味するものではなかった。八月十五日を契機に、生きのびたことに感激し、欣喜雀躍している姿などは、戦闘を日常として生きた兵士にあてはまるものではなかろう。昭和五十四年（一九七九）になっても、吉田はこうのべている。

「戦中派世代の生き残りは、生き残ったことで存在を認められるのではない。本来ならば戦争に殉死すべきものであり、たまたま死に損ったとしても、生きて戦後の社会をわが眼で見たことに意味があるのではなく、散華した仲間の代弁者として生き続けることによって、初めてその存在を認められるのである。(17)」

死んでこそ、あるいは兵士の屍と共に生きることによって発言権を獲得するとは、なんと切なく悲しいことか。生きながら死者の側に立ち、深く冷たい海底で砂を噛みながら横たわっている兵士のもとに降りてゆく以外にない。

吉田は東井のように、自分を許して戦争犯罪人だの、戦争協力者だのとはいわない。そのような自己弁明的発言のむなしさと無責任さを知っていた。この戦争の正否とか、攻めたのか逃げたのかというような問いではなく、自分はこの戦争でどのような闘い方をしたのかという一点を究明することからスタートすることを考えていたのである。徹頭徹尾、敵と闘った人間だけが、戦争とは何か、戦争責任とは何かを問う資格があるという。

「村を育てる学力」

東井は終戦を郷里の小学校でむかえた。子どもたちとそこで炭焼をして過した。世間に対し何も公言することはなかった。東井が自責の念にさいなまれ、十年以上の沈黙を続けたことは間違いとはいえない。しかしこの沈黙は自責の念のみによるものであったかどうか。この沈黙の裏にかくされた彼の思想の弱さが見えかくれする。

聖戦ともいえず、誤まった戦争ともいえず、とにかく沈黙して時間の経過するのを待つといった気持が、どこかにかくされているような気がしてならない。

ともあれ、東井は昭和三十二年、『村を育てる学力』を出版したのである。本書の「あとがき」にこうある。

「戦時中に出してもらった『学童の臣民感覚』で、ものを書くということが、どんなに責任のあることかということを、思い知らされた私である。よほどのことでなければ、書くまいと思い、自戒しつづけて来たのだが、その私に、書くことをすすめてくださったばかりか、どんどん、その手順をはこんでくださったのは、京都府指導主事佐古田好一先生であった。」[18]

「よほどのこと」でなければ、と思っていた東井が書いたのだから「よほどのこと」があったのであろう。それは何なのか。終戦から十年余、彼の胸中に何がおきたのか。それにしても本書が、彼の教師としての痛々しい内省から生れたものという印象を私は抱くことができない。怨嗟もなく、絶望もなく、あるのは明るい子どもたちの「いのち」に触れ、それを育てようということだけである。「あとがき」の結びの部分を引いておきたい。

「『村を育てる学力』は『町を育てる学力』でもあり、『国を育てる学力』でもある。戦いに敗れ、いまもなお、さ迷っている、浮草のような生き方が、私たちのほんとうに生きる姿であってはならない。……（略）……私は、村の子らを、もっともっと、かしこくしてやりたい。……（略）……でも、そのかしこさは、ふるさとのあるかしこさでなければならない。そういうかしこさをもった子なら、『村の土』『国の土』を豊かにしてくれるだろうし、生れてきてよかった、といえるような、生きがいのある人生を築いてくれるにちがいない、と思うのだ。[19]」

十年以上もの沈黙生活のゆきつく果てがこういう地点だったのである。東井の善意は否定する必要はない。しかし十年余りの沈黙の結論がこうであるとすれば、それはあまりにも明るすぎはしないか。彼はいつの日も全力で現実に立ち向かう。子どもの「いのち」を思い、村を思い、国家を思うのである。この主観的善意は戦前も戦後も不変である。

ともかく、『村を育てる学力』を貫いている東井の精神にふれておこう。やはり、ここでも「いのち」の思想が中心となる。かつて自分は唯物史観などを観念的に研究したことがあるが、そこにあったのはイデオロギーであって、真に大切なものではなかったという。大切なものとわかったのは、子どもの「いのち」であった。教育とはこの「いのち」を育てることであり、それに触れることに尽きるという。「学童の臣民感覚」でも、この「いのち」のただごとではないことが東井の教育論の中心であったことは前述した通りである。

自分の無力を自覚し、忘我、捨我の果てに「大いなるもの」を発見し、それに包まれて人は生かされているというのである。自分が教育者であるなどとうぬぼれてはならない。自分の非力、無力をまず自覚し、自力では何も成しえないというところに到達しなければならないのである。生きているのではなく、生かされてある子どもたちの「いのち」を大切に育てさせてもらうのが教師の任務だと彼はいう。

私たちはここで重大な問題点に遭遇することになる、それは東井が戦前に書いた「学童の臣民感覚」にみる「いのち」の思想と、戦後の「村を育てる学力」のなかの「いのち」の思想との比較である。

いうまでもなく、「学童の臣民感覚」にみる「いのち」とは、「臣のいのち」がすべてを物語っているが、この場合の「いのち」は、すべて絶対者、天皇のためのものであった。臣の「いのち」に先立って「大御光」があった。

これに対し、「村を育てる学力」の場合の「いのち」は誰かのため、何かのためのものではなく、ただ子どもの「いのち」に触れ、それを育ててゆくことを教育の本質とする。戦争協力者としてのそれと、その反省のうえに立ったそれとでは違うのは当然のことである。しかし、私はこの後者の「いのち」の思想にも全面的に賛同することはできない。

たしかに、戦後民主主義の嵐のなかで、進歩的イデオロギーや教条主義を唯一の武器として、それを子どもの教育に注入しようとした軽薄な教師に対し、この「いのち」の思想は、痛烈な批判的役割を演じたことにはなる。

子どもを教えるのではなく、子どもに教えられるというこの徹底した無私の精神は、主体性、自己主張の過剰な状況のなかで、時流に流されない新しい可能性を持つものであった。

戦後の教育界の激流は、いうまでもなく、戦前戦中の教育の反省のうえにあるものではあったが、普遍的教育の大切な部分を切り捨てることによって成立する部分がなくもなかった。その「大切な部分」とは、一時的な人間の浅慮な知恵などではなく、そういうものを超えるところに鎮座しているものであった。それこそが、自己否定をともなう「いのち」の思想であった。しかし、この東井の「いのち」の思想には危険な面が常にあった。それは他の強力な権力によって利用されてしまうということであった。自己否定、自己犠牲というものは、一つ間違えば、国家のため、天皇のために個人を犠牲にすることになる。そしてその場合、常に、そのことに美的なアクセサリーが用意される。「美しく死ぬことは可能か」という問いに、「それは可能だ」という答を用意する。

宮沢賢治の「雨ニモマケズ、風ニモマケズ」が、どれほど滅私奉公教育に利用されたことか。天皇制国家権力が、上から強制的に課した禁欲倫理によって、賢治のこの詩などは、忠良なる臣民形成に寄与するものになってしまった。

東井もこの「いのち」の思想を、徹底的に死守し、誰からも、何ものによっても犯され、協力させられるものではないところの絶対的な自律精神にまで高めていれば、天皇制国家に利用されることもなかったろう。こういった反省が、「村を育てる学力」には生かされているであろうか。

この東井の「いのち」の思想について、飯田勝美、汲田克夫、坂元忠芳の三人が、「東井義雄氏が我々に示唆するもの」という文章を書いている。その論点と、それに対する東井の考えを紹介しておこう。

この三人は、東井の「子どものいのちにふれる教育」を高く評価し、この「子どものいのち」を次のように説明する。

「この場合『子どものいのち』とは、たとえばしょうべんにうつったゆうやけを美しいと感じることのできる子ども、物事を主体的に見、感じ、考え、物事に意欲的に働きかける事のできる生きた子ども自身に外ならない。[20]」

そしてこの東井が用いる「いのち」には、「深い宗教的内容」が自覚されていて、そのことは戦前、戦後を問わず一貫してみられる東井の教育論の本質だという。ところで、東井の考えている「深い宗教的内容」とはどういうものを意味しているのであろうか。それについては、こういう。

「生きているということのただごとでないという自覚が、自己に対する深い懺悔の念と結びついて体験されることであるように思われる。生死の境をさまよう愛し子の脈をにぎりながら、東井氏は、ともに生きているということのただごとでないことを感じそれと同時に、教室に残して来た六十人の子どもたちに対して、申しわけない自己を深く恥じている。……（略）……このように、子どもたちのかけがえのないいのちに対する讃歎と自己に対する深い懺悔が、いつもかたくむすびあって自覚されるところに、すぐれて深い彼の宗教的内面性を見ることができるように思われる。[21]」

この「宗教的内面性」というものは、場合によっては、ファシズムを受け入れてしまう危険性があることも彼らは忘れていない。

こういう指摘に対し、東井はこれ以上のへり下りようはないというほどへり下り、ひたすら頭を下げ、過剰ともいえる遠慮の姿勢を見せている。慇懃無礼ともとれる謝意である。

「私のような過誤を持つものに対しても、いたわりの立場で書かれているだけに、私には、ひとしお苦しく、古傷の痛みをどうしようもなかった。……（略）……叱っても叱っても泣かない子どもが、何か同情的なことばをかけたはずみに、ワッと泣きだすように、私には、三氏があやまちの古傷をもつ私からさえ、何かを学びとろうとするような姿勢で、この文章を書いてくださっていることが、かえってつらく苦しかった。[22]」

これはもう謙虚ということを通り越して、私はある種の嘔吐さえ感じる。戦時中自分が、正真正銘の戦争協力者であったという弁解も、なにか空々しく思えてくる。ここまでへり下らなければ、東井の存在はないのか。

そしてまた次のようなことをいう。

「私の古傷を新しい着物でかくしていたようだ。傷はまだ処理されてはいないのだ。[23]」

「私はもはや、古傷をかくしているべきではないようだ。洗いざらい私の真実をさらけ出してみようと思う。[24]」

この過剰なまでの遠慮やへりくだり方はともかくとして、自力、他力の問題に関して自我とか自力、主体性というものを徹底的に小さくし、他力に傾斜してゆくことは、真の自己を抹殺することではないという東井の主張は重い。

ここで東井は、戦後民主主義の自己顕現、自己主張などとは、はるかに深いものを指摘しているのである。軽薄な自力や自己主張が横行しているような世の中では、この種の自己埋没の思想は誤解されて実践される危険性があることはいっておきたい。

次に「村を育てる学力」になくてはならないものとして、東井は「生活の論理」をあげる。これは「教科の論理」に対するもので、国語には国語、算数には算数の段階的理解というものがあり、それを無視して学力は身につかないのであるが、彼はそのような「教科の論理」だけでは足りなくて、この「生活の論理」というものを持ち出すのである。抽象的普遍的真理や価値も、それが具体化、日常化、土着化しないかぎり、真に理解したことにならないものもある。「普遍的妥当な価値の体系は、子どもたちの『生活』の中に、消化されて、はじめて『学力』となる」[25]と彼はいう。「生活の論理」を強調することは、中央集権的な競争主義に対峙する意味をこめているのである。立身出世のみを希求してゆくようなものは「村を捨てる学力」であって、けっして「村を育てる学力」ではないと彼は断言する。

国家の教育に符合した東井の思想

村のなかに連綿として存続する数々の習俗を教育の場にとり入れながら、近代主義的公式主義の陥りやすいところを超克しようとするこの東井の視点は、高く評価されなければならない。

これは村評価の問題とも関連してくる。つまり、戦後、近代主義者と呼ばれる人たちが、村は常に個人の自立、独立、解放を妨げ、個人を埋没させ、場合によっては抹殺してしまうものだと評価し、一日もはやく、この村の解体を宣言したことにたいし、疑問を投げかけていることにもなる。

そういう期待を抱かせはするが、東井は結局のところ、村と国家を同質の線上に置いてしまう。村は国家のいうことなど信用できないという、教育上の牙をむくことはない。村の教育が国家側からの教育と符合してしまう。村の子どもたちの「いのち」は、何に対しても誰に対しても渡してなるものか、というところがない。

戦前、戦中の「愛国心」の危険性についての理解は示しつつも、東井は「村を育てる学力」、「村を愛するこども」が、抵抗なく「国を育てる学力」、「国を愛するこども」に延長することを許してしまう。

東井が戦後の教育界のなかで果たした役割は、はかり知れない大きなものがあるが、私はあの『生活の探究』(26)を書いた島木健作に見られたものと同じような危険性や不安を彼のなかに見る。

東井はいつも真面目で、一生懸命で、ヒューマニストである。しかし、それはその時、その時に与えられた状況を全面的に受け入れ、そのなかで耐え忍ぶというもので、その状況を侮蔑したり、嘲笑したりしながら、それとの距離を保つということができない。彼の心中には、「遊び」とか、「ものぐさ」といった言葉は入り込む余地はない。

「楢山節考」を書いた深沢七郎の次のような文章に触れたら東井はどんな表情をするであろうか。

「私は何もかも、ひとりで考え、私だけの道で、好きなことをしていれば楽しいのである。私は生まれたということを屁と同じ作用だときめたが、本当はもっとオカシイことだと思う。そのことを言えば笑ったり、悪いことを言ったように思われたり、そのことを書けば犯罪になることなどもあるのである。そんな、変な作用で私たちは生まれたのだから、生まれたことなどタイしたことではないと思う。生まれ、死んで、その間をすごすことも私はタイしたことではなかったのである。(27)」

東井の真面目主義からは、この深沢の文章など、まるで異次元の世界のように見えるかもしれない。

人生に生甲斐や目標をもとめ、生命の尊厳さとその拡充に血道をあげてきた人たちにとっては、この深沢の言はとうてい理解できるものではなかろう。

しかし、日本に限定することはないが、ヒューマニズムや人道主義、民主主義という美名のもとに、どれほど多くの人間が排除され、抹殺されてきたことか。東井のような真面目主義は、それはそれで尊い。しかし人間の心の奥底にひそむ残虐性、攻撃性をはじめから避けて通り、生きることの豊饒さを唄うだけでは、真の「生」の深さはわかるまい。

注

(1) 東井義雄「わが心の自叙伝」『東井義雄著作集』(7)、明治図書出版、昭和四十八年、三三一頁

(2) 同上書、三三一―三三二頁

(3) 同上書、三四一頁
(4) 同上書、三四三頁
(5) 同上書、三四三—三四四頁
(6) 同上書、三四五頁
(7) 東井義雄「愛国心と教育」『東井義雄著作集』(7)、三一二頁
(8) 東井義雄「学童の臣民感覚」『文芸春秋』昭和十八年五月、五四頁
(9) 同上誌、五五頁
(10) 同上誌、五六頁
(11) 同上
(12) 原芳雄、中内敏夫「教育者の転向 —— 東井義雄」『共同研究・転向』(下)、思想の科学社、昭和三十七年、一五〇頁
(13) 東井、「愛国心と教育」、前掲書、三〇〇頁
(14) 同上書、三〇三頁
(15) 同上書、三〇五—三〇六頁
(16) 吉田満『戦艦大和ノ最期』講談社、昭和五十六年
(17) 吉田「死者の身代りの世代」『戦中派の死生観』文芸春秋社、昭和五十五年、

一一五頁
(18) 東井、「村を育てる学力」『東井義雄著作集』(1)、明治図書出版、昭和四十七年、二〇四頁
(19) 同上書、二〇五頁
(20) 飯田勝美、汲田克夫、坂元忠芳「東井義雄氏が我々に示唆するもの」『教育』、昭和三十四年一月、八九頁
(21) 同上誌、九〇—九一頁
(22) 東井「私の『いのち』の思想について——飯田、汲田、坂元、三氏の書評に導かれて考える」『東井義雄著作集』(1)、明治図書出版、昭和四十八年、二〇九頁
(23) 同上書、二一〇頁
(24) 同上
(25) 東井「村を育てる学力」、前掲書、一〇九頁
(26) 鶴見俊輔は東井と島木の関係にふれて次のようにのべている。「『村を育てる学力』は、ある意味では、『生活の探究』の続々篇のように読まれるわけです。東井義雄自身の経歴が似ていて、島木健作が『礎』を書いたと同じように、戦争中に『学童の臣民感覚』を書いている。浅野晃に心酔して、草莽の微臣として天皇の大御心に帰

一したてまつる、熱烈に大東亜戦争に殉じる……そういうことを子供に教えた。敗戦になったら非常に自分の責任を感じて、観念論者ですから、非常に自分自身を責めた。……（略）……十二年の後にこれだけ新しい実践ができてきたので、ひろく人にわかってもらいたいと考えて、この本を書いた。その意味で非常にりっぱなんですが、島木健作の持っていた弱さが全くぬぐい去られているとはいえない。つまり集団への埋没というか、状況への埋没の姿勢が、まだまだ残っている。」（「大衆の思想」久野収、鶴見俊輔、藤田省三『戦後日本の思想』岩波書店、平成二十二年、一七三―一七四頁

(27) 深沢七郎『人間滅亡の唄』新潮社、昭和五十年、三六頁

主要参考・引用文献

東井義雄「学童の臣民感覚」『文芸春秋』、昭和十八年五月
思想の科学研究会編『共同研究・転向』下巻、平凡社、昭和三十七年
『東井義雄著作集』全七巻、別巻三巻、明治図書出版、昭和四十八―五十一年
飯田勝美・汲田克夫・坂元忠芳「東井義雄氏が我々に示唆するもの」『教育』昭和三十四年一月
馬場四郎「東井義雄論」『生活教育』昭和三十五年三月
深沢七郎『人間滅亡の唄』新潮社、昭和五十年
吉田満『戦中派の死生観』文芸春秋、昭和五十五年
吉田満『戦艦大和ノ最期』講談社、昭和五十六年
神渡良平『人生二度なし・森信三の世界』佼成出版社、平成十三年
久野収・鶴見俊輔・藤田省三『戦後日本の思想』岩波書店、平成二十二年

断片的赤松啓介論

赤松啓介（アカマツ ケイスケ） 1909- 2000 **民俗学者**
1909 年（明治 42）兵庫県加西市に生れる。本名は栗山一夫。

行商をしつつ、独学で民俗学に必要な調査をつづける。

柳田国男の民俗学に反発。民衆の性風俗等を対象としてフィールドワークを中心に民俗学研究を行う。

代表作に『民俗学』、『非常民の民俗文化』などがある。

赤松啓介と柳田国男

恐ろしいことをやってのけた若者がいた。

その若者とは当時の「大御所」的存在として、日本民俗学の世界に君臨していた柳田国男にかみついた赤松啓介のことである。

当時、柳田を批判、攻撃することは民俗学に携わっている人たちにとっては、決死の覚悟が必要だった。そういう雰囲気が存在していたのである。

柳田の冷たい視線によって、その世界から葬り去られた人は、一人や二人ではなかろう。柳田は奉られる人であったのだ。

赤松が『民俗学』（三笠書房）を出版したのは、昭和十三年であった。その時彼はまだ三十歳になっていない。

一方、柳田は円熟味を増していた。昭和十三年にかぎっても、日本民俗学講座で、「酒の問題」、「餅の問題」、「伝説の社会性」、「猿蟹合戦の昔話」などを講義し、その他東京女子高等師範学校で「労働服の変遷」、宇都宮農学校で「農業の将来」、津田英語塾で「女と言葉」、東京外国語学校で、「国語学」を講演するというふうに、東奔西走、多忙を極めていた。昭和十六年には民俗学の創設と普及に尽力したということで、「朝日文化賞」を受賞している。

絶頂にあった柳田の存在を知りながらも、この若い無名の赤松は、柳田にかみついたのである。公にしたのであるから、赤松の『民俗学』に柳田が気付いていないはずはない。柳田およびその周辺の人たちは、どういうわけかこの赤松の『民俗学』を無視したのである。歯牙にもかけぬというふうであった。

この時のみならず、赤松のこの書はその後も日本民俗学界からは無視され続けたのである。佐野眞一もこうのべている。

「戦前から柳田のプチブル性を批判し、唯物論の立場にたって、夜這《よば》いと非常民の民俗学研究を一貫してテーマとしてきた赤松は、最近でこそ、阿部謹也、網野善彦、山折哲雄などから再評価の熱いまなざしが注がれているが、柳田が神のごとく跪拝《きはい》された戦前、戦中、戦後を通じ、赤松の名を口にすることすら一種のタブーとなっていた。」(『旅する巨人——宮本常一と渋沢敬三』文藝春秋、平成二十一年、二〇三頁)

なぜ無視され続けられねばならなかったのか。それは赤松の作品が取るに足らぬ愚作であったから唾棄されたのか。そうではあるまい。

赤松のような、マルクス主義的視点の強い民俗学を柳田はもちろん、その周辺の人々も警戒し、できることなら、そっと葬りたかったのではないか。よくあることであるが、自分の権威を維持するための黙殺だったように思われてしかたがない。

福田アジオは、この赤松の『民俗学』が黙殺された理由と、本書のもつ現代的意義について次のようにのべている。

「完全に無視されてきたと言うべきであろう。しかし、価値がないから無視されたのではない。その逆である。影響を恐れての無視だったと思われる。今日、民俗学は出版物が多く出ることによって発展してきているかのように見られるが、内実は混迷の度を強めていることは明らかである。これからの民俗学がどのような道を選択して歩むのかは、若い世代の研究者に委ねられている。民俗学を目指す多くの若い人々が『民俗学』を読むことで、鋭い問題意識と強烈な批判精神を学び、自己の民俗学観を形成し、主張してほしいと願って、本書の解説としたい。」(「赤松啓介の民俗学と『民俗学』」、復刻

版『民俗学』の「解説」、明石書店、昭和六十三年）

柳田および、当時の柳田の傘下にいた人たちが、この赤松の『民俗学』を無視したり、黙殺したからといって、若き赤松のこの仕事の普遍的価値が揺らいでなくなったわけではない。

この書は、単に柳田を批判したり攻撃しているだけではない。もちろん結果的にはそうなるが、彼独自の民俗学形成のねらいを読み抜かなければならないであろう。

昭和十四年に検挙され、昭和十八年まで獄中にいたことは、赤松にすれば貴重な学問研究の時間を奪い取られることであった。このことは日本の民俗学界に置いても、じつに悲しいことであったし、大きな損失であった。

柳田は赤松を無視、黙殺したのであろうが、赤松は大先輩柳田の学問を避けて通るほど傲慢ではなかった。むしろ柳田の民俗学創造への情熱、功績を彼は高く評価している。

「柳田国男は既に明かなように日本民俗学開拓者の一人であり、かつ現在の発展にまで導いた最大の功労者であり、今や『大御所』的存在として特に地方研究者の渇仰の的となった。……（略）……アカデミー的研究者達の蔑視に対抗して、こゝまで民俗学を築きあげた功績は偉大なものといへよう。」（『民俗学』三笠書房、昭和十三年、五四頁）

しかし、すかさず柳田を小ブル的農本主義の傾向にある者として次のように批判している。

「彼の強味は『旅と伝説』を初め地方の群小雑誌に現はれた小ブル的研究者の啓蒙に勉め、その趣味的伝統を知識的中間層の開拓によって清掃せんとし、それが成功とともに強大な支持の地盤を獲たことだ。それは彼が実に小ブル的農本主義の傾向にあるといふことに於て、地方の小ブル的研究者達と基底が一致したからであり、また地方の小ブル的研究者もかつての好事家・趣味家・猟奇家が朽ち老いて、アマチュア的研究者として知識的中間層が増大したから、彼らが柳田氏のうちに共鳴と希望を見出したのは当然である。」（同上）

なにはともあれ、柳田が従来の文献依存のアカデミズムに抗して、民衆の生活の足跡に熱い視線を向け、さまざまな資料を駆使して彼らの日常性を明らかにしようとした試みに対しては敬意を表したのである。

しかし、この民衆の日常を照射するという視点に立つとき柳田の学問が、それを担当するにふさわしいかどうかについては、大きな疑いがあることを赤松は指摘する。

柳田の学問は、当時の社会運動家の思想を「善導」する役割さえ与えられていたともいえる。愛国の情あふれる柳田学の傘下にいれば、権力に目をつけられることはないという安心感を抱く人もいたであろう。激しく厳しい社会運動で傷ついた人たちの傷を癒す格好の場を提供することにもなっていたのであろう。このことは柳田の民俗学の性格を考える場合、欠かせないところである。

彼の学問は終始国家権力から弾圧されることはなかった。日本ファシズムの嵐の前で柳田は、なすすべもなかったという人もいるが、そうではなくて、柳田は国家のために一肌脱いだといったほうがよいかもしれない。民衆の実態を調査し、その肉声を収集しようとする学問が、支配権力にとって無害であるはずはない。有益であるというのであれば、その時点で、民衆の日常にある呻きや嗚咽はその民俗学という濾過装置によって、没生命的なものになり果てているのである。『遠野物語』と同じ明治四十三年に出版された柳田の『石神問答』を、赤松は次のように評価している。

「柳田国男著『石神問答』は明治四三年五月に出版され、柳田氏と山中笑・和田千吉・伊能嘉矩、白鳥博士・緒方小太郎・喜田博士・佐々木繁・松岡輝夫の石神に関する往復書翰を内容とし、民俗学的論著の冒頭を飾る歴史的意義を持つ。本書の重要性は中小農没落必至化の傾向に基底崩壊を感じた官僚の、小ブル的農本主義に立つ回顧的・空想的研究の発端をなしたことにあり、それは同じ著者の『時代と農政』（同年一二月刊）に現はれた尊徳仕法への憧憬に明かである。換言すればこゝに初めて小ブル的民俗学が胎生されたのであり、」（同上書、三五〜三六頁）

この『石神問答』が世に出た頃、日本は農業国家から工業国家への転換の時期にあたり、大地主は寄生化し、中小地主は資本の攻勢によって不安のなかにおとしめられていった。産業としての農業が衰退していけばいくほど、農への郷愁、愛着のようなものは強くなり、ほろびゆく農村への回顧の念が浮上してくる。いわゆる本格的観念的農本主義の台頭である。

農本主義者たちの多くは、農村内部に病巣として存在する土地制度の矛盾や貧困からは、目をそらすようにしむけ、ほろびゆく農村、ふるさとの風景に強烈な郷愁を抱かせるよう山紫水明的幻想を創出する。

農村、ふるさとに郷愁の念を抱かせるのは、なにも農本主義者だけではない。民俗学にもそういうところがあることを忘れてはならない。近代化の激しい波によって押し流され、消去されてゆく習俗、歴史をなつかしさのゆえになんとしても保存しておきたいという願いを民俗学も持っている。

本来、民俗学というものは、政治とは無関係のように思われているが、けっしてそうではなく、じつは両者は微妙な関係にあることに注意しておかなければならない。民俗学が単なる好事家的なものになり、珍品や奇話を収集するだけのものになる時、それはたちまち権力に加担し、支配体制に有利な手段を提供するものに零落してゆくこと必至である。

毒気を抜き取った自然賛美は、いつの時代においても、権力によって利用されるというきわめて危険なものをはらんでいると思わねばなるまい。

この赤松の柳田民俗学に対し、ずっと後になってからのことであるが、花田清輝が次のような反批判をしたことがある。

花田は柳田民俗学を弁護しようとしたのではない、という「但しがき」をつけて、次のようにのべたのである。

「われわれの祖先の信仰をあきらかにするための必死の努力を、『回顧的・空想的研究』として——農本主義の内部からの切りくずしを、『尊徳仕法への憧憬』として一蹴するような批判は、もはや批判ではなく、誹謗と受けとられても仕方がないのではなかろうか。なるほど、それは、一見、権威をおそれない批判のようにみえるかもしれないが——したがって、柳田国男の行きかたと軌を一にするもののような気がするかもしれないが——しかし、事実は、マルクスやレーニンの権威によりかかり、日本人の生活から眼をそむけているにすぎないのである。」(「柳田国男について」神島二郎編『柳田国男研究』筑摩書房、昭和四十八年、一六二頁)

花田が指摘しているように、たしかにこの赤松の柳田批判は、イデオロギー過剰で、性急にして独断的なものであるが、当時の柳田の巨大な勢力に対して、堂々と批判をしている赤松の姿勢には拍手をおくりたい。

今日、経済大国日本の装飾品的御用学問として、軽薄な日本文化論、日本人論が横行しているが、これは一歩誤れば、日本の「伝統」を作為的にでっちあげ、極端なナショナリズムに走る危険性をはらんでいる。赤松の批判は、それなりの評価がなされて当然である。

赤松も自分の欠点を認めながら、この花田の批判に対し、次のようにのべている。

「花田清輝が『近代の超克』(一九五九年一〇月、未来社刊)の『柳田国男について』で、私の柳田国男批判を再批判しているけれども、柳田の『経世済民』はわかるのだが、いみじくも彼が指摘しているように『上』からの『経世済民』であって、われわれが望んでいる『下』からの『革命』ではないのである。当時、私はいまいったような情況の中で、走りながら考え、走りながら書いたので、書斎や研究室、図書館があるはずもなく、僅かな手持ちの資料ででっち上げたのだから、一面的、公式的と非難されればその通りとい

うほかはあるまい。」（『非常民の性民俗』明石書店、平成三年、五五〜五六頁）

赤松が柳田民俗学に投げかけたもの

まず、あげておきたいのは民俗資料の採取の件である。

柳田を中心に大間知篤三などによって、昭和十年八月に結成された「民間伝承の会」というものがあるが、ここに柳田のねらいが如実に現れていると赤松は次のようにいう。

「民間伝承の会とは地方の小ブル的研究者を組織化し、それを資料採集の吸盤として利用するためのものであり、だから地方の研究組織乃至雑誌の整理と統制、それを通じて研究者及び研究を一定の方向へ制約することを目的としてゐる。『研究題目の分担を明かにし、資料の交換を旺んにし、採集方法と技術の習熟を計り、無駄の採集重複を避け、また未採集地域の採訪を促進すること等、総て意識的な方法によって、此の学問の発展を期することが可能だと思ひます。』といふ趣意は、地方研究者を単なる採集者に陥入れて隷属させようと企画してゐる。中央の研究者にとってのみ誠に結構な可能性ある趣意だらう。」(『民俗学』、五五頁)

研究者は中央の大学や研究所にいて、資料採集者が地方にいるという構図への批判である。「一将功成りて万骨枯る」という声は、何も赤松だけが発したものではない。こういう関係が成立するのは、それなりの理由があったのである。地方にいる採集者が、柳田「大先生」のために、という気持が強く、柳田にほめられたりすると有頂天になる。その心理を柳田たちは利用する。

次のような声を発する人もいる。

「地方にいて民俗学を研究しているといっても、その多くは、民俗学の資料を採訪して、それを素材のまま雑誌に発表し、学界?に提供するというだけの仕事でありまして、実際の研究をしている人は中央において、全国から集まった資料の上に研究を進めていたに過ぎないのであります。これが偽らざる事実であります。」(一志茂樹「民俗学と地方史研究」、野口武徳・宮田登・

福田アジオ編『現代日本民俗学』〔1〕、三一書房、昭和四十九年、一五七頁)

柳田は全国を隈無く歩いたといわれているが、一度や二度の訪れで、地方の民衆が柳田に真意を語るはずはない。ことにタブーとなっているムラの秘密など口が裂けても喋ったりはしない。

研究する人と集める人とが分断されるということは、民俗学のもっている宿命的なものかもしれないが、そのことは次のような弊害を生むと赤松はいう。

「民俗学のように資料の占むる価値の大きい科学にあって、資料の全き獲得と整理が可能でないのは致命的であり、必然に地方研究者を単なる資料採集者に堕せしめ、中央研究者への隷属を不可避ならしめるのである。中央研究者にとって自己の頤使に甘じて服する地方研究者の増大ほど結構なことはなからうが、しかしそれは資料の雑然たる堆積と研究の封建的な遂行によって、科学そのものの頽廃をもたらすとともに、」(『民俗学』五八〜五九頁)

赤松は、柳田という人物は、ムラで民俗を採取したことなどないのではないかという。そうであるなら、誰が採取したのであろうか。

この点に関して、柳田と渋沢敬三を比較して、佐野眞一は次のようにいう。

「柳田は『郷土研究』などを通じ、多くの郷土史家に働きかけて民俗学に興味をもたせていったが、その多くは柳田の忠実な民俗資料レポーターとして終わった。この点について岡正雄は、柳田学の基礎資料は多くの無名の報告者の報告から成り立っている、とした上で、『ずっと後になって、先生に対する僕の悪口の一つが、柳田学は『一将功なって万骨枯るの学問』だということです、お前たちは報告だけしろ、まとめるのはおれがやる。僕はいつも何か割り切れない気持でみていました。』と述べている。これに対し、敬三は後述するように、すぐれた在野の研究者をみつけると、その人間がもっているものをすべて吐き出させ、さらにそれによって一人一人が独自の研究姿勢をもっていくように仕向けた。これは何も専門の研究者に限らなかった。敬三は、ごくふつうの漁民や開拓農民にまで声をかけ、彼ら自身に筆をとらせた。」(『旅する巨人—宮本常一と渋沢敬三』一六〇〜一六一頁)

常に支配者の立場を固執してゆずらない柳田に対し、渋沢の人間に対する姿勢の違いが明確に描かれているが、赤松が柳田にどれほど遠く離れていて、渋沢にどれほど近いかがよくわかる。

赤松の性に関する民俗学

次にあげたいのは、赤松の性に関する民俗のことである。この性に関する民俗に注視するだけでも、赤松は柳田に挑戦状をたたきつけたともいえよう。

衣・食・住と並んで人間生活の基本をなす性の問題をはずして成立する民俗学というものは、いったいいかなるものかという思いを赤松は強く抱いている。

国家権力と性の問題は、思いのほか重大な関わりを持って存在しているのである。性の向かうところに国家は手を焼いてきた。性の秘めたる力と爆発力は、何を持ってしても抑止し切れないものを持っている。国家はそのことに常に敏感であるし、それを封じ込めようとして殺気だつ。

性に関わる日常を無視して生活の実態を知ることはありえない。もし、それに目をふさぐなら、心臓のない人間を人間として見ているようなものである。いかなる道徳、倫理、あるいは法的規制をもって押え込もうとしても、それを打ち破り、突き抜け、乱舞するエネルギーを性は持っている。

日本の軽薄な近代化を鋭く批判したとはいうものの、役人として、あるいはそういうスタンスで国家の側に立っていた柳田が、猥雑な問題を積極的にとりあげることなど、はじめからできない話である。

柳田の立場を理解しつつも、赤松はこうのべている。

「周知のように日本民俗学の主流であった柳田派は、こうした性的民俗については、実に頑強なまでの拒否反応をしめした。当時の民俗学の置かれた状況からみて、ある程度までの自制を必要とした立場は、私にも理解できる。しかし彼と、その一派の拒否反応は異常というべきまでに昂進してしまい、人間生活にとって最も重要な半面の現実を無視する誤りを犯した。」(『非常民の民俗文化』明石書店、昭和六十一年、四〇頁)

単に柳田は性の問題に重点を置かなかったというよりも、国家側からの性にまつわる習俗の取締りに協力し、民衆の自然性の弾圧に加担したことになる。これは大きな問題である。

柳田が性の問題を避けていることを指摘、批判したのは、何も赤松だけではない。南方熊楠もその一人である。

大正五年、熊楠は六鵜保にあてた書簡で、柳田の民俗学に触れ、次のようにいっている。

「貴下はこの三年来小生ほとんど毎号書きおり候『郷土研究』雑誌御覧下され候や。もし御覧あらばそれに出したる諸説に関し、いささかたりとも御聞き及びのことあらば直ちに本社なり、また小生なりへ御知らせ下されたく候。この『郷土研究』は貴族院書記官長柳田国男氏（小生面識なき人なりしが、一昨々年末尋ね来たり対面せし）が編纂にてずいぶんよく編みおるが、氏は在官者なるゆえ、やや猥雑の嫌いある諸話はことごとく載せず。これドイツなどとかわり、わが邦上下虚偽外飾を尚ぶの弊に候。小学児童を相手にするとかわり、成年以上分別学識あるものの学問のために土俗里話のことを書くに、かようの慎みははなはだ学問の増進に害ありと存じ候。」(『南方熊楠全集』

〔9〕、平凡社、昭和四十八年、四三三頁）

熊楠はさらに、「『郷土研究』の記者に与うる書」のなかで、夜這いに触れ、これは地方、郷土の安全、繁栄のために欠かせない重要なもので、これを無視してはならぬと、こういう。

「婚家の成立大家《たいけ》にあらざる限りはみなこの夜這によりて定まることで、いろいろ試験した後に確定する夫婦ゆえ、かえって反目、離縁等の禍《わざわい》も少なく、古インドや今の欧米で男女自ら撰んで相定約するごとく、村里安全、繁盛持続のための一大要件なり。……（略）……この夜這の規条、不成文法ごときも、実は大いに研究を要することにて、何とか今のうちに書きおきたきことなり。それを忽諸《なおざり》に付し、また例の卑猥卑猥と看過して、さて媒妁がどうするの下媒人《したなこうど》に何人《なんびと》を頼むの、進物は何を使うのと、事の末にして順序の最後にあることのみ書き留むるは迂《う》もはなはだし。田舎にては媒妁はほんの式だけのもの、夜這に通ううちの通わせ文、約束の条々等が婚姻の最要件であるなり。」（『南方熊楠全集』〔3〕、平凡社、昭和四十六年、二五一〜二五二頁）

ムラに生きる民衆にとって、性に関する唄や話は、猥談とか猥褻といったものではなく、生活そのものになっているのである、性の話を猥褻と称して取締りの対象としたのは、明治国家による性の管理統制によるものであった。

この問題を柳田が回避していたということは、民俗学の「地位向上?」に役立ったのかもしれないが、彼は民俗学から大きなものをスタートの地点で欠落させたということになりはしないか。

熊楠や赤松が、民衆の生活のなかにある、ありのままの性をとりあげ、解説したのに対し、柳田はそうはしなかった。そのため、柳田の民俗学のなかには、整理された美しさはあっても、人間の根源的破壊性、残虐性、また習俗のなかにある怪奇、異様な人間臭さがにおってこない。

谷川健一はこの点に関して柳田と熊楠を比較して次のようにのべている。

「男女の性愛は民間の習俗や伝承のあらゆる部分に入り込んでいるといっても過言ではない。今にしておもえば南方の言葉は、彼が猥雑な言を放恣に弄するという批難に答えて弁疎であるというだけでなく、柳田民俗学の出発にあたってはやくもその限界をするどく指摘したものにほかならなかった。なぜなら庶民の生活は猥雑さを抜きにしてあり得なく、また猥雑さによってしか、支配階級を撃つことはできないからである。南方は神主や若者による処女の破素の事例をしきりにあげているが、これを支配と被支配との関係におきかえると、神といけにえの関係に追いつめることができる。そして人身供犠の風習は天皇制の思想と無関係ではあり得ない。柳田民俗学は性の問題を忌避したがために天皇制に肉迫する衝撃性を失ったのである。」(「『縛られた巨人』のまなざし」『南方熊楠全集』〔8〕、平凡社、昭和四十七年、六三六〜六三七頁)

民衆の日常は猥雑さを欠落させたのでは成立せず、また、その「猥雑さによってしか、支配階級を撃つことはできない」という谷川の言葉は辛辣であり、重い。衣・食・住と男女の関係は、人間生存の根源的なものであり、その一つである男女の関係、つまり性の問題をはずして、生活史は描けないとの確信が赤松にはあった。しかし、国家の「正史」はそれを隠蔽しようとする。なぜなら、性の持っている激しく爆発するエネルギーが恐ろしいからである。

性の問題を扱わないということは、その時点で国家権力とその支配に敗北を喫しているということでもある。

柳田ができるだけ避けようとするのに対し、赤松はこの問題を執拗に扱ったということは、彼の民俗学がどこに向かって矢を放っているかがわかるというものである。差別と犯罪とこの性に関するものに注目した赤松の民俗学は、まさに柳田民俗学が欠落させていたものを補うことになったのである。

赤松は何はさておいても、この性の民俗だけは、はずしてはならぬと次のようにのべている。


「戦前において、あらゆる民俗が調査、研究の対象になったかというと、そういうことにはなっていない。その最も顕著な例は、『性』民俗である。国家が売春を公認していたのであるから、『性』の重要性もわかっていたはずであった。しかるにワイセツをもって、公開を弾圧したのはどういう根性か疑われる。『性』がワイセツであるなら、人間の生活でワイセツでないものは一つもありえない。」（『非常民の性民俗』明石書店、平成三年、二二一〜二二三頁）

悠久の歴史のなかで民衆があたためてきた習俗のなかで、権力支配というものは、自分に都合のいいものだけを維持、保存し、都合のわるいものは弾圧、排除してゆく。柳田民俗学は権力支配の方向に寄与することになったと赤松はいうのである。

ムラにおける民衆の集まりが、強引に官製化されたとしても、それは表面的なことであって、日常的には、旧来の世界のなかで人々は生きている、柳田らの行う民俗調査というものは、この表面的なものであって、深淵の領域には触手をのばしていないと赤松は断言している。その深淵の領域のことが日常的に行われるのが民衆の生活だという。赤松はこういう。

「私たちが気づいて調査し、資料を集めはじめたときには、いわゆる近代思想、とくに日本では教育勅語型理念、国家倫理的精神で、村落共同体のもっていた自主性、平和思想を徹底的に弾圧、解体させ、破壊に狂奔していた。その悪質な手先として働いたのが柳田民俗学で、このため貴重な資料を埋没、抹殺してしまったのは、痛恨というほかあるまい。とくに最も被害が大きかったのは『夜這い』民俗であり、夜這い世代では、夜這い民俗が特別に変わったものでなく、少し大袈裟にいえば日常の茶飯事で、夜這いばなしなど『今日は』のあいさつと殆んど同じである。」(『非常民の民俗境界』明石書店、昭和六十三年、五〇〜五一頁)

赤松がこの夜這いの問題に執着したのは、柳田民俗学の空白部分を埋めるというねらいがあったのはいうまでもないが、しかし、それだけではない。夜這いを肯定することは、教育勅語などによって、性の統制をはかろうとする国家権力に対峙する意味を推し量る必要がある。教育勅語など国家がもってくる道徳・倫理などを後生大事に守っていたら、ムラの活力は弱まり、ついには崩壊するであろうと赤松はいう。

いま一つ彼は重大な視点を投げかけている。それは性習俗の弾圧と資本主義の発達との関連である。

夜這いなど性習俗を禁止・弾圧するということは、国家的規模の遊廓・その他の遊所による巨大な税収につながるという。赤松はこういう。

「明治政府は、一方で富国強兵策として国民道徳向上を目的に一夫一婦制の確立、純潔思想の普及を強行し、夜這い弾圧の法的基盤を整えていった。……（略）……農村地帯で慣行されている夜這いその他の性民俗は、非登録、無償を原則としたから、国家財政に対しては一文の寄与もしなかった。……（略）……明治政府は、都市では遊廓、三業地、銘酒屋その他、カフェー、のみ屋など遊所の発達を保護、督励し、はるかに広大な領域の農村にも芸妓屋、料理屋、性的旅館、簡易な一ぱい屋などの普及、……（略）……ともかく、そうした国家財政の目的のために、ムラやマチの夜這い慣行その他の性民俗が弾圧されたことは間違いない。」（『夜這いの民俗学』明石書店、平成六年、八五～八六頁）

このように赤松が夜這い、その他の性習俗をとりあげるということは、ただ面白く、おかしく性を扱っているのではない。そこには、天皇制、国家権力、資本主義の発達などとの関連で、そこを見抜く力が生活体験から常に彼のなかには宿っていたのである。

山人への関心が強かった頃は別として、柳田には、極論すればムラの習俗というものは、国家の支柱となるものでなければならなかった。逆にいえば、国家に弓を引くようなものは捨てるか、見て見ぬふりをして郷土の習俗から抹消してしまうようなところがあったように思われる。

「非常民」の民俗学

いま一つ赤松の主張の大きな特徴は「非常民」の民俗学である。「非常民」の民俗学とは、柳田の民俗学である「常民」に対峙する意味である。

柳田が「常民」という言葉を使用するにいたった経緯を検討する余裕は、いまはないが、ここでは伊藤幹治の説明をあげておきたい。

伊藤は柳田学のなかで、「農民」と「常民」の位置、存在がきわめて大きいことを主張しながら、こういう。柳田は農政学や農村学のなかでは「農民」を使い、民俗学では「常民」を使ったと。前者は「実体概念」であるのに対し、後者は「抽象的概念」だという。伊藤の文章をあげておこう。

「柳田のイメージのなかに定着した『農民』とは、喜びを分かちあい、悲しみを共にした、地域社会としての郷土に生活する住民のことである。ところが、『常民』になると、こうした実像が捨象され、ひとつの抽象概念にすぎなくなっている。」(『柳田国男――学問と視点』潮出版社、昭和五十年、六〇頁)

伊藤は「農民」と「常民」とでは、生きている舞台が違うことを指摘するのである。「農民」が郷土を舞台にしているのに対し、「常民」は国民社会を舞台にしているという。

「『農民』はローカル・レヴェルの実体的な人間像を、『常民』はナショナル・レヴェルの抽象的な人間像を意味している、ということができよう。このように、《柳田学》の主役が実体概念から抽象概念に変貌し、その舞台が郷土から国民社会へと移行したことは、柳田の視点に、次のような変化が生じたことを意味している。それは、『農民』を媒介とした郷土性の追求から、『常民』を媒介とするエートノス(民族性)の討究への変容ということである。」
(同上書、六〇～六一頁)

柳田の家（旧性松岡家）は、定着農民ではなく現実の地域、郷土よりも、はじめから抽象的普遍的なものに向かう要素があった。

幼くして故郷を離れざるをえなかった柳田は、氏神を中心としたムラでの、あの交歓に酔いしれることもなければ、ムラの呪縛を体験することもなかった。歓喜も煩わしさもなく、たまに帰る柳田を迎えてくれるものは、山川草木のみであった。郷土に執着することのなかった彼は、イメージとしての故郷をナショナルなものへ直結させることによって、精神的バランスをとっていたのかもしれない。

生地を離れ、各地を転々とせざるをえない人間が、幻想としての故郷を追い求めようとするとき、現実の毒や矛盾は後方に退却し、あるいは消え、その故郷は観念の上で拡大し、美しい国、美しい民族のあるところに飛翔してゆく。「実体概念」としての農民が、「抽象概念」となることは、そういった彼の故郷観から割りだせるものである。

しかし、赤松にとっては、柳田が平民や農民や人民から常民を使用するにいたった経緯など、どうでもよかった。いずれにせよ、柳田の扱う対象は、定住者である農民であろうと、抽象的常民であろうと、それは要するに一部の人間の表面的なものにすぎない、というのが、赤松のこだわるところであった。

赤松は柳田らの日本民俗学が排除した人たち、その人たちの文化のなかに真の人間性や文化を見ようとする。

『非常民の民俗文化』の出版動機について赤松はこうのべている。

「いわゆる民衆、市民、常民といわれるような階層の他に、その底、あるいはそのまだ底、その下の底などにも、いくつもの人間集団があり、かれらがどのような生活意識をもち、どのような生活民俗を育ててきたか。その極めて概要を説明してみたいと思ったのが、『非常民の民俗文化』である。日本の民俗学では、常民以下の生活集団は余計者として排除、つまり疎外してしまう。常民までは人間だが、それ以外の生活集団は、非人間として対象から外した。」(『非常民の民俗文化』、六頁)

柳田は日本の近代が生んだ、とてつもない大きな知識人であることはいうまでもない。前人未踏の広大な分野に鍬を入れ、膨大な量におよぶ仕事をした。従来の史学が英雄の伝記や政治的大事件の紹介に終始していたのに対し、彼は歴史の隅に追いやられてきた領域に、新しい価値を認めようと意欲を燃やしたのである。

ことに柳田の初期の民俗学は、この点に重きが置かれていた。山や山人の研究である。これは定住者ではなく、漂泊者たちの領域である。そういう意味では柳田も最初は「非常民」の世界に大きな関心を寄せていたのである。

しかし赤松にしてみれば、いずれにしても柳田の民俗学は、結局「非常民」の習俗は切り捨て、「常民」こそが天皇制国家を支えてゆくものだとし、その「常民」の学を民俗学と称し、日本学にしたのである。

一方、階級的矛盾や土地制度の矛盾を無視し、隠蔽するものとしての「常民」に赤松はこだわったのである。

たしかに人間を資本家対労働者という対立構造のなかに組み入れてしまう人間観は、人間の本質を見失うことになる。戦後一時期このような風潮が強い時期が存在した。この単純な見解によって、どれほど多くの人間性無視が行われたことか。

資本家のなかにも、善良な人もいれば悪人もいる。労働者とて同じことである。階級にとらわれすぎると人間の本質を見失うことは事実である。しかし同時に、この点を無視しても、また失う部分が生じることも事実である。

今日、階級対立というような構図を持ちだすと、時代錯誤として一蹴されかねないが、それでいいのか。いまもって階級は厳然として存在し、それぞれの枠内でしか考えられない民俗もある。階級的視点を入れると民俗学は存在しないのか。そんなことはあるまい。反乱、革命、戦争といった非日常と思われるもののなかにも、民衆は日常として生きる。

民衆がもつ情念は、いついかなるところで噴火し、全体を火の海にするかもしれない。宮田登の現代民俗学への忠告を最後にあげておきたい。

「いったい現代の民俗学が何を見失っているのかということを考えるとき赤松啓介氏の民俗学がそのことをはっきり教えてくれているのであり、……(略)……元来民俗は、文化全体の活性化の原点にあって活力にあふれ、ドロドロした捕捉しがたい現象を示している。したがってその全体像をとらえる作業は困難をきわめるだろう。折角網の目をかけてすくい上げたように思えても、本質はスルリと抜け落ちてしまう。日本民俗学の主流を占めてきた柳田民俗学自身にもそうした空しさがつねにつきまとっているのであり、赤松啓介氏の一連の仕事はそうした空白部を早くから鋭く衝いてきたのであった。」(『非常民の民俗境界』の「解説」)

主要参考・引用文献

赤松啓介『民俗学』三笠書房、昭和十三年
佐野眞一『旅する巨人――宮本常一と渋沢敬三』文藝春秋、平成二十一年
福田アジオ、赤松啓介の『復刻版・民俗学』の「解説」、明石書店、昭和六十三年
赤松啓介『非常民の性民俗』明石書店、平成三年
野口武徳・宮田登・福田アジオ編『現代日本民俗学』(1)三一書房、昭和四十九年
赤松啓介『非常民の民俗文化』明石書店、昭和六十一年
『南方熊楠全集』(9)平凡社、昭和四十八年
『南方熊楠全集』(8)平凡社、昭和四十七年
『南方熊楠全集』(3)平凡社、昭和四十六年
赤松啓介『非常民の民俗境界』明石書店、昭和六十三年
赤松啓介『夜這いの民俗学』明石書店、平成六年
伊藤幹治『柳田国男――学問と視点』潮出版社、昭和五十年
中山太郎『日本若者史』春陽堂、昭和五年
谷川健一『原風土の相貌』大和書房、昭和四十九年
山中正夫『反柳田国男の世界』近代文芸社、平成四年

『マージナル』ｖｏｌ.５、現代書館、平成二年五月十五日
神島二郎編『柳田国男研究』筑摩書房、昭和四十八年

小林杜人と転向

小林杜人（コバヤシ モリト） 1902-1984　**社会運動家**

1902年（明治35）長野県更埴市に生れる。

融和団体、救世軍活動などを行う。信濃自由大学に学ぶ。その後、政治問題研究会北信支部に参加。

以後、農業に従事しながら社会運動活動を行う。1928年（昭和3）共産党に入党するが、その年の3.15事件で検挙されやがて転向。

釈放後は思想犯転向者の更生などに尽力した。

著作に『「転向期」のひとびと』などがある。

吉本隆明のいう「転向」

昭和八年、日本共産党のリーダーであった佐野学と鍋山貞親が、獄中で「共同被告同志に告ぐる書」という声明を出した。これを契機に、一つの流行ともいえるような大量の転向が顕在化した。

共産主義、社会主義という思想信条を諸々の理由、原因で放擲し、異なった立場に変わることを一般通念としては、転向と呼んでいる。その理由のなかで、大きなポイントを占めるのが国家権力による弾圧であるが、転向の多くが、この国家権力の弾圧によるものとする通説に対し、異を唱える人がいる。吉本隆明はその一人であるが、彼はこういう。

「日本的転向の外的条件のうち、権力の強制、圧迫というものがとびぬけて大きな要因であったとは、かんがえない。」（吉本隆明『吉本隆明著作集』（13）勁草書房、昭和四十四年、九頁）

それよりも、大衆から離れてゆくことの恐怖感が転向に大きく作用したのではないかと吉本はいう。
佐野、鍋山の転向も、大衆との乖離が大きな要因を占めると思うとして次のようにのべている。

「佐野、鍋山の転向を、天皇制（封建制）への屈服とかんがえるのは、常識的なものであるが、わたしは、さらに、このことを大衆的な動向への全面的追従という側面からもかんがえる必要があると思う。これを、佐野、鍋山の転向の内面的なモチーフからいいかえれば、天皇制権力の圧迫に屈した、ということの外に、大衆からの孤立に耐えなかったという側面を重要にかんがえたいのだ。」（同上書、一六頁）

日本の知識人と呼ばれる人たちが、空理空論とまでいわなくとも、観念的思考に終始しているかぎり、それはそれとして存在しうるのであるが、それが実践的運動との結びつきを考える時、日本の知識人の悲しい運命がある。それは大衆不在の理論ということである。その結果どういうことがおきるかというと、自分たちは大衆のために闘っているのであるから、自分たちが弾圧を受けた時は、大衆は必ず自分たちを応援してくれるであろうという楽観主義が充満するということである。

実態としての大衆を考慮することなく、幻想としての大衆をもとに日本知識人たちの思想は構築される。共産主義にしろ社会主義にしろ、考慮したのはイメージとして、幻想としての大衆であって、本物ではない。そのことが彼らの特権であり、国際的であると錯覚するのである。

しかし、知識人たちが切って捨てたもののなかに、大衆が生きている核がある。それは日本固有の習俗であり、それに基づいた日常である。

吉本はさらにこうのべている。

「この種の上昇型のインテリゲンチャが、見くびった日本的情況（例えば天皇制を、家族制度を）を、絶対に回避できない形で眼のまえにつきつけられたとき、何がおこるか。かつて離脱したと信じたその理に合わぬ現実が、いわば、本格的な思考の対象として一度も対決されなかったことに気付くのである。このときに生まれる盲点は、理に合わぬ、つまらないものとしてみえた日本的な情況が、それなりに自足したものとして存在するものだという認

識によって示される。」（同上書、一七頁）

それまで後生大事に信奉してきた共産主義、それに基づく運動は、一体全体何であったのか、という自問がはじまる。

共産主義を信奉した人たちにしてみれば、じつに取るに足らないと思っていた前近代的残滓と呼べるようなものに多くの人が執着し、自足している現実が理解できないのである。ここに知識人たちの全存在が無惨にも破壊されてゆく姿があった。

コミンテルン（国際共産主義）から離脱すべきとの認識にいたる。日本民族への愛情を尊重し、天皇制打倒というスローガンは撤去するなどということになる。佐野、鍋山もこのような自覚を持つにいたったのである。

鍋山は過去をふりかえり次のようにのべている。

「昭和八年初夏、獄中で私は佐野学君と連名しコミンテルンの陣営から去ることを声明した。世に言う転向である。これは天下かくれもない事実だ。その時の提言は次の数点に要約される。

一、ソ連邦擁護を中心任務とする戦争テーゼの拒否。
二、自国の運命をあく迄も自主的に判断する必要。
三、機械的で事実は無内容な祖国敗戦主義を捨て戦争への参加を通じてその帝国主義的侵略企画をアジア諸民族解放の線に沿って内部より挫折せしむべき革命方途の探求。
四、大衆の民族感情を尊重し天皇制打倒スローガンの撤去。
五、コミンテルンの原則と組織は経験の示すところわが国に適せず且つこれは予想される世界戦争に際し必ず瓦解すべき必然性の認識とこれより離れることの必要性、等。」（鍋山歌子編集『鍋山貞親著作集』（下巻）、星企画出版発行、古川書店発売、平成元年、一三頁）

これまで侮蔑して歯牙にもかけなかった現実の重さを突き付けられ、そのことによって大衆が動かされている状況に、日本の知識人たちは目眩をおこしたのである。

自分たちがこれまでやってきた「大衆のため」の共産主義運動とは何であったのか。この場合の「大衆」とはいかなる存在だったのか。自分たちも共産主義者や労働者であるというまえに、日本人であり、天皇制を崇拝する日本民族の一員ではないのかという原点回帰の思想が彼らを襲ったのである。

佐野にしても、鍋山にしても、次のように考えることが、彼らの使命であった。例えば、日本がソ連と干戈を交えねばならぬ時、迷うことなく日本の敗北を念願し、ソ連の完全勝利を期待することが、彼らの任務であった。

人間誰しも自分の思想信条を簡単に放擲したいとは思わない。しかし、その思想信条を持っているがゆえに、激しい弾圧を受け、肉体的精神的苦痛が限界に達した時、また、大衆からの支持がないということに気付いた時、その思想信条を守り抜けるかどうか。ましてや、その思想信条が外国からの輸入品であった場合、その血肉化されていないものを捨てるのは、そんなに困難なことではない。

雪崩をうって転向がおきたのは、いうまでもなく、それまで共産党の輝けるリーダーとして尊敬されていた佐野、鍋山が転向したため、多くの党員が戦意喪失に陥ったこともあるが、借物の思想を自分の思想だと思っていたことに、大きな原因があったことも否定できまい。

転向問題は、昭和期に限定して考えるべきものではないが、しかし、橋川文三が指摘している次のような意味を持っていることを認識しておく必要がある。

「まず『転向』の問題はこの時期としてまさに『昭和十年代』とよばしめるもっとも劇的な意味を含んでいる。それは、わが国の近代思想史において、はじめて本来的な思想の意味を悲劇的に、かつ逆説的に明らかにしたいという意味で、また、およそ思想とよばれるものが生の根底的現実ともっとも究極的に交渉する場合、そこにどのようなすさまじいドラマが展開するかを露呈したという意味で、おそらく幕末・明治の動乱期をのぞいて、もっとも痛烈な思想史上の一エポックを形成した。」（橋川文三『歴史と体験――近代日本精神史覚書』春秋社、昭和三十九年、六六〜六七頁）

小林杜人の転向

小林杜人は転向者の一人である。その転向の動機は、他の多くの共産党員のそれと共通する面もあるが、彼独自の心情的要因がある。それは一言でいってしまえば、宗教的なものである。その宗教的なものが、のちの彼の行動に大きく影響しているように思われる。

小林の「略年譜」を、本人の『「転向期」のひとびと』を参照して作成しておきたい。

○明治三十五年二月十五日、長野県埴科郡雨宮県村（現更埴市）大字土口に生れる。父友喜、母ふく。家業は農業、蚕種製造。

○大正三年、小学校卒業、埴科農蚕学校入学。この頃より文学を好む。ハイネ、ダンテ、トルストイ、ユーゴー、ドストエフスキーなどに心をひかれる。

○大正六年、埴科農蚕学校卒業、一カ年家業を手伝う。不当に差別を受けている人たちと親しくなり、初期の融和団体信濃同仁会雨宮県支部の組織に加わる。山室軍平を知り、救世軍長野小隊に入る。

○大正七年、長野県蚕業取締所埴科支所の書記となる。のち、長野県産業主事補となる。

○大正十年、上田市の信濃自由大学に学ぶ。高倉テル、土田杏村を知る。有島武郎の著に親しむ。内村鑑三の『聖書の研究』、西田幾多郎の『善の研究』、倉田百三の『愛と認識の出発』、賀川豊彦の『死線を越えて』などを読む。

○大正十二年、近衛兵第三連隊に入隊するが、肋膜炎で入院、のち、三宅坂の第一衛戍病院に移り、看護兵となる。
○大正十三年、除隊、家業を手伝う。政治問題研究会北信支部に参加。
○大正十四年、全日本無産青年同盟設立の準備がもたれ、小林は北信支部においで活動する。のち、無産青年同盟創立大会に参加、北信支部の責任者として参加したため、村役場の書記を解任される。
○大正十五年、日本農民組合を支持する長野県小作組合連合会準備会、労働農民党北信支部準備会の設立決定、小林の家が一時的に事務所となる。
○昭和二年、労働農民党全国大会が開催され、小林は中央執行委員に選任される。
○昭和三年、日本共産党に入る。日共党員として、北信の責任者となる。三月十五日、日本共産党に大弾圧があり、全国的大検挙が始まる。小林もこの日、日本農民組合長野県連合会本部、労働農民党北信支部事務所で検挙される。起訴されて長野刑務所に収容される。懲役三年六カ月の判決、控訴する。控訴裁判を受けるため、市ヶ谷刑務所に移送される。
○昭和四年、市ヶ谷刑務所で正月を迎える。藤井恵照教誨師に出会う。心身不安定の日が続き、下獄を決意し、控訴を取り下げる。

○昭和六年、自分なりに、浄土真宗の信仰を体得できるようになる。神経症を克服し、健康回復。独房より図書館に通うことができるようになる。母他界、仮釈放になり、帝国更新会に入り、その後十三年間この事業に専念する。帝国更新会は思想犯転向者の保護事業を開始。猶予者保護事業のほか、思想転向者の場合は、起訴猶予・執行猶予者、刑を受けた人々の保護も行うことになる。小林は保護委員として専念する。

帝国更新会に入るまでの小林の歩みをのぞいてきたが、彼は若くして自分を取り巻く環境のなかで、日常的に社会の不正、矛盾を肉体的に体験する。その矛盾解決のために若いエネルギーを発揮した。現実社会が襲ってくる数々の難問を彼なりに解決しようとした。それは大学や研究所で、資本主義の矛盾を学んだわけではない。身辺に発生するさまざまな不正という現実が、彼の教科書となったのである。

埴科農蚕学校時代には、文学青年と呼んでもいいほど、ハイネ、ダンテ、トルストイなどに心酔していたが、やがて次々と発生する社会問題に小林の眼は移ってゆく。

小林には小野陽一という名前で書いた『共産党を脱する迄』（昭和七年）という本があるが、そのなかで、文学から社会への関心の移行について次のようにのべている。

「小野（小林）は、どちらかと云へば文学青年で、十五六頃からハイネ詩集を愛読したり、レ・ミゼラブルを読み耽った。そうした小野が十八の年、水平社の白藤一家と知合になって親しくする様になってから、小野の心持はだん〳〵社会問題を考へるように変って来たけれども、それは人道主義的立場の程度であった。けれども其の頃から、手当り次第に社会主義の書物を手にするやうになり、孤立的ではあったが、完全な革命主義者になってゐたのである。」（『共産党を脱する迄』大道社、昭和七年、一三〜一四頁）

ながい歴史のなかで生れた社会の不正、差別などに彼の眼は集中するようになり、自分の犯してきた罪の深さをも自覚することになる。

長野県雨宮県村における同仁会支部創立大会の日、小林は演壇に立って、これまで自分が犯してきた罪を告白し、許しを乞うたのである。

「小野の級が六年を卒業する時、記念撮影をすることになって居た。其の時全級の者共が申合せて、若し水平社の同人が、一人でもまぢると写真を買はぬと云ふことに決議したのである。そして此の同人三人を追い払って、とうく写真をとらせなかったのである。其の外のことは数限りない。そして十五六の物心のつく迄、それを正しいことゝ信じてゐたのである。何と云ふ不条理な優越感、迫害であったらう。……（略）……この日泣きながら、それを告白したのであった。」（同上書、二〇頁）

さらに小林の身辺に彼の一生の転機になるほどの事件が発生したのである。靴の製造と修繕を生業にしていた小林の友人が、商売のため他所への転居を希望し、一度は家を借すことを承諾していた人が、その靴業の人が水平社の人だという理由で契約を破棄しようとした。この理不尽さに小林は激しい怒りを覚え、その友人のために東奔西走した。やっとの思いで小林たちは勝利したのである。小野（小林）はこうのべている。

「かくて二十日に亘った事件も解決されたのであったが、この事件は小野に、水平社同人等に対し、社会に浸透せる因襲的差別の如何に根強いものであるかを覚らしめた。小野の心は一時はテロリストにならんとした程であった。小野は世間から如何に嘲笑されても、同人等と今後益々差別撤廃のために奮闘する決意を固めたのである。」(同上書、二六頁)

せまりくる数々の状況のなかで、小林は極めて単純に、同情と真理と情熱を持って闘ったのである。彼の心中には一点の曇りもない。虚偽、偽善を極力嫌い、自己を常に反省し、真面目主義を貫いた。いかなる闘いの場においても、彼は駆け引きを使わず、誠意を貫こうとした。

深く浸透している差別の問題を直接体感すると同時に、自分もその差別の加害者となっている現実に気付き愕然とすることがあった。

社会的矛盾の解消と、差別の撤廃に関して、小林は全身全霊を傾注する。しかし、一方で彼には家族への「懺悔」の気持もあった。父や母は彼の社会活動に対し、黙って許容してくれているそのことに一人静かに涙を流すのである。家業にも社会運動にも全力を注入するという、胸のはりさける困難さに小林は立ち向うこととなる。彼の日常は次のようなものであった。

「小野は早晩共産党の結成されることを感づいてゐた。そして家庭的な困難を排し、愈々積極的に職業的革命家として、活動する決意をしたのであった。これ迄の小野は、夏の大部分の一週の内、四日は家で働いてゐた。そして夜は主として運動のため飛び廻り、また一週の内、三日は運動のために其の日を割いてゐたのだ。……（略）……春は雲雀の声を聞いて麦の草をとり、耕耘に働いた。人糞に大豆粕や、過燐酸石灰等をまぜたのを、肥桶に入れ荷車に積んで、田畑に運ぶこともあった。……（略）……一日こうして働くと、アンモニアの臭ひで身体中まで臭くなって、二日位は抜けなかった。こんな時でも小野は、集会に出ることを怠らなかった。」（同上書、四四頁）

春蚕が終われば、大麦、小麦の収穫、次に田植の準備と次から次と多忙をきわめる家業のなかで、小林は社会運動に割り当てる時間を確保していった。くる日もくる日も家業と社会運動の両者に全力を注入する小林であった。地元の農村の人々に彼の名は知られ、やがて、その活動は世間の知るところとなり、その名は拡大し、県にも知られるようになる。ついに日本共産党との邂逅の日がやってくる。

「略年譜」でも紹介したように、小林は昭和三年一月二十一日に、日本共産党に入党し、北信の責任者として重責を負わされる。

世間で認められていない日本共産党に入党するということは、一方で勇気と恐怖と不安がつきまとうことになるが、他方では、党員になることは一種の憧憬の念にも似た気持があった。そして、進歩的知識人の仲間入りを果すということで、世間の常識とは違って威厳のある組織に自分を置くということでもあった。共産党入党は、数々の社会的矛盾を解決してゆくという壮大なロマンのなかに包まれることであり、力強い支援を獲得することでもあった。

大衆の天皇信仰に対し、一部知識人たちの共産党信仰ということがありうるかもしれない。こういう人もいる。

「天皇の理念は日本の大衆の中にふかく植えつけられていた。それとおなじくらい深く、日本共産党は日本の知識人の意識の中に入っている。この二つの事情は、欧米人には理解しにくい特殊なものである。」(久野収、鶴見俊輔『現代日本の思想――その五つの渦』岩波書店、昭和三十一年、五五頁)

小林も共産党に入党したとき、不思議な大きな力、精神的支柱を獲得した気分になり、この傘下に居れば、世間の嵐も恐怖でなくなり、あたたかく包んでくれる。共産党はそういう役割を持っていたのである。

世の中の改革という使命観をもって活躍することを誓っていた小林であるが、その活躍する期間はあまりにも短かった。昭和三年一月二十一日に入党し、その年の三月十五日には検挙されているのである。

検挙の状況と周囲への影響について、小林は次のようにのべている。昭和三年三月十五日のことである。

「私もこの日未明、日本農民組合長野連合会本部、労働農民党北信支部事務所で、屋代警察署に検挙された。事務所責任者として家宅捜査に立ち合い日共の検挙であることを知った。同時に、雨宮県村土口のわが家も家宅捜索を受け、母は信濃毎日新聞記者に涙ながらにわが子のことを語りしとか。翌日、雨宮県村小学校長馬場源六は、全校生徒に『わが村より不忠の臣を出した』ことについて訓辞。わが妹は衝激を受けたりと聞く。屋代町付近の町村は、大逆事件以後はじめて恐怖震撼せりと。」(小林杜人『「転向期」のひとびと』

新時代社、昭和六十二年、二一一頁)

これは国家権力の強制的教育によるところが大であるが、当時の共産党および共産主義が一般民衆の上で、どのように理解されていたかがよくわかる。共産党は天皇制国家を攻撃する許せない集団であり、組織であり、その運動であるという認識が瀰漫していたのである。

「屋代町付近の町村は、大逆事件以後はじめて恐怖震撼せりと。」とあるが、共産党入党、そして検挙ということが、ムラ社会においては、このような恐怖感を与えたのである。これは裏からみれば、天皇を頂点とする権力機構が、共産主義に対して抱いていた恐怖、不安感を物語っているともいえる。

ムラはそこに存在する掟を破らないかぎり、ムラ人をゆるやかに、あたたかく包み込む。しかし、その掟を破る行為、つまり共産党に入り、投獄されたとあっては、ムラはその人間を追放する。小学校の校長も牙をむく。

ここから小林の獄中生活がはじまるのであるが、獄に入った時の彼の心情には、ある種の不思議さというか、意外性があった。共産党を信じ、共産主義が絶対だと思っていた小林にしては、余りにも素直で正直で、自分の罪を認めてしまうのである。これは勇気ある行動なのか、それとも臆病者の腑甲斐なさか。

何はともあれ、小林は獄中にあっては、文字通り生命がけの苦闘を余儀なくされる。獄中で彼は何を悩み、何と闘い、何に泣いたか。

いうまでもなく、最大の悩みは家族のことであった。囚われの身とあっては家業の手伝いも不可能。不可能であるだけに父母の血涙を流しながらの労働が胸に突き刺る。灼熱の太陽にさらされながら無言で土にぶちこむ父母の一鍬一鍬を想像する時、小林の胸は張り裂けんばかりであった。

家族に対する愛というものは、かぎりなく本能的領域に属するもので、いかなる状況下にあっても、取り払うことのできないものである。肉親への思いに裏打ちされない思想は、それがどれほど高貴さを凝らそうとも、それはガラス細工のようなものである。日本共産党およびその運動はこの人間にとってもっとも深く強いものの前に、もろくも崩れたのである。

小林は獄中で両親のことを次のように思うのであった。

「村では家々で風呂をたてる、そしてお互に代り番に近所の人々を入浴させ合ふのだ。小野は獄中で父母を思ふ時に、俺は社会的功名心などは、かなぐり捨てゝ風呂の火番でもやろうと思った。それはどんなに楽しいであらう。父や母が一日働いた体のつかれを洗ひ落すかの様に嬉しそうに湯に這入る、その湯の番をする。あの薪を燃す度に、風は煙りを小野の顔に吹き捲くるであらう、煙りにむせた赤い顔をして一生懸命に火を燃やす。そして父母の身体を洗ってやる。田夫野人を相手にしたそうした生活は、此の上もない貴い美しい夢であった。」(小野陽一『共産党を脱する迄』、六九頁)

杜人を転向へと向かわせたもの

切っても切っても切れない家族との絆を巧妙に使い、転向への誘動手段とすることは、国家権力の常套手段であった。

国家と対峙できても、家族や先祖を蹴ることはそう簡単なことではない。家や家財道具すべてを喪失しても、先祖の位牌だけは後生大事にして身につけて離さない。民俗学者の柳田国男が「家永続の願ひ」のなかでこんな話を取り上げている。

「門司では師走なかばの寒い雨の日に、九十五歳になるといふ老人が只一人傘一本も持たずにとぼ〳〵と町をあるいて居た。警察署に連れて来て保護を加へると、荷物とては背に負うた風呂敷包みの中に、たゞ四十五枚の位牌があるばかりだったといふ記事が、ちやうど一年前の朝日新聞に出て居る。斯んな年寄の旅をさまよふ者にも、尚どうしても祭らなければならぬ祖霊があったのである。」(『定本・柳田国男集』第二十四巻、筑摩書房、昭和三十八年、三〇七頁)

この現在の家族のみならず、先祖に対しても、また、これから生れてくる子孫に対しても、強く深い愛情を日本人は注ぐのである。この気持を放擲することは自死ではおさまらぬほど強いものである。しかし残念なことにこの強い愛情というものが多くの場合、反権力、反体制に向かう力とはなりえないのである。それどころか、逆にその反対運動を阻止したり、権力側を支持する方向へ向かってしまうのである。近代日本の思想史のなかで、この「家の思想」は、大きな一つの課題でもあった。このことは、転向の問題に限定されるものではなかった。

入獄して、小林の父母を思う気持は次第に強烈なものになっていった。

「小野は入獄以来、一時として父母のことを思はぬことはなかった。思へば不幸の極みと云へよう。父母は小野を頭に八人の子女があった、彼は其の相続人だったのに、青年時代から家のために少しもならぬ、それに金に対してはいつもだらしがなく、……（略）……小野はそれ程慈愛に満ちた父を思ふたびに、如何にも申訳なくなる。今日までどんなに父は苦労したかわからぬ、これを思ふと、一時は無産者運動の戦線から遠ざからうと決意した程だった。」（小野、前掲書、五八〜五九頁）

また独房で母の死を知った小林の悲しみは表現の仕様もないほどのものであった。八人の子どもを育ててくれた母の苦労に対し、彼は涙しかなかったのである。この小林の両親を思う気持を誰が批判、攻撃し、腰抜けと罵ることができるであろうか。

日本共産党が、共産主義が、マルクス主義が、どういう根拠で、どういう方法でこの小林の思いを凌駕することができるのか。

次に転向の動機として小林が心を動かされたのは、故郷、土、農に寄せる熱い感情である。これは転向の動機でなくても、離村した人々の多くが抱く故郷回帰、農への回帰の心情であった。農本主義的心情と呼んでもいいかもしれない。多くの人たちが、太古の原始生活の夢を見るように、農への回帰、自然への回帰に夢をつないだのである。

農村の貧困の現状を憂い、地主―小作関係の矛盾をあばき、農民運動家の道を選ぶ人もいれば、都市文明の喧噪に疲れ、人間の孤独さに戦慄を覚え、自然、農への心情的回帰しようとした詩人も多くいた。

故郷の貧困や矛盾はことごとく捨象され、秋風が吹き、鈴虫が鳴き、透明で純粋で聖なる故郷が描かれる。小林のこころはそのような故郷に夢をつなぐことになる。

夜、獄中で彼はなつかしい自然に抱かれた自分の夢を見たという。

「山は夢を生む。あの山々を歩いたら、どんなに楽しいだらう。山は美を生む。あの山々の崇高な美しい姿は、小野の心に美的感情を与へる、こうして山は精神化さるゝ。山はユートピアを生む。今獄中にある彼を、色々の煩悶は闘争の世界から遠ざけて静かな山に連れてゆく、それから夫へと夢想して行く。菅平の様な奥地で、世間を離れて開墾事業に従事したらどんなに愉快であらう。先づ三丁歩も、それを徐々に切開いて、しかも真黒になって労働に従事する。そこには創造的農業、芸術的農業が展開さるゝ、それは土に還る生活だ。こういふ夢は毎日小野に繰返されて居た。」(同上書、六六〜六七頁)

毒気を抜き取った自然に小林のこころは癒されるのであった。文部省唱歌にあるように、故郷は、山紫水明の象徴として聖化されてゆく。小林にとって、それは汗も涙も血もぬぐいさってくれるものであった。そしてその美しさだけの空間への回帰は、絶対的価値をもって彼を包んだのである。

いま一つ小林のこころを大きく動かしたものは、民族、国家、天皇制の問題であった。それまで彼のこころのなかでは、排除、拒否してきたこれらの問題が、にわかに浮上してきたのである。

日本共産党が大衆を基盤にした革命思想を持つためには、民族、国家、天皇制をはずしてはならないにも拘らず、多くの日本的な革命思想は侮蔑するか、避けて通ってしまった。

硬直した階級史観に立てば、資本家対労働者という視点に重きを置いて、民族、国家、天皇制といったものは攻撃の対象としてしか扱われないことになる。しかし、これらに対し、小林は違った眼を向けるようになってゆく。まず、共産主義が攻撃の対象として見ていたものに、多くの日本人が依拠し、尊敬していることに気付かされたのである。

社会主義、共産主義の思想、運動によって世界平和が達成されるなら、それはそれでいい。そういう道があってもかまわない。しかし、小林は思った。自分は日本人であり、ソ連の人間ではない。日本民族、天皇制国家の一員であることを打ち消すことはできない。表面的に、形式的に共産主義を信じ、コミンテルンを信じても、深層心意の世界において彼は純然たる日本人であった。

小林はそれまでの共産主義者としての行動の間違いに気付き、次のようにのべたのである。

「世界国家は人類の理想であるが、今急に実現さるゝものではない。吾々日本人は、日本と云ふ国土と三千年の歴史を持って、その上に初めて吾々の存在的事実があるのだから、先づ日本人たることを基礎として考へ行動せねばならぬ。」(同上書、八〇頁)

「宇宙にも陰陽のある様に、国家にも絶対的な社会状態はあり得ない、皆相対的なものだ。従って差別と平等を正しく観ずる仏教の立場が正しいと考へる、従って絶対的な共産主義の社会は成立しない。」（同上）

さまざまな国の労働者が一致団結して世界平和を実現するということは、人類の夢である。

しかし、それぞれの民族、それぞれの国はそれぞれの歴史を持ち、宗教を持ち、習俗を持っている。それぞれがその民族、その国固有のものである。一人の労働者は労働者であると同時に、それぞれの民族に属し、それぞれの国民である。それを同じ目標に沿って歩ませるなどということは所詮無理な話である。たとえば、日本が他のある国家と干戈を交える時、それぞれの国の労働者は団結して両者の資本家と闘うというのであろうか。

日本の悠久の歴史をかえりみることもなく、革命だ、共産主義だといって叫びながら、精神が足もとより崩れ去ってゆくさまに人は気付く時がある。

世界平和のため、共産主義のためといって闘っている最中、次々とぶち切れてゆく家族の絆、日本人の不幸を目にする時、それでも世界の永久平和のために、家族をそして日本を捨てなければならないのか。

民族と階級の問題は、小林の肩にも重くのしかかるのであった。

金科玉条のごとく信奉していたコミンテルンの内容に疑念を抱き、それまで軽視していた民族や国体の問題が彼の心を強くとらえはじめる。

一度は共産主義に一身を捧げるほどの決意をした小林にしてみれば、心中の葛藤には穏やかざるものがあった。周囲から卑怯者！という罵声がとんでくる。小林はふるえおののいた。

「もし共産党が労働者、農民階級の真実の友であるならば、この態度は恐るべき裏切であったのだ。……（略）……あゝ、全国の労働者農民は何と云ふだろう、長野県の小野と云ふ奴は、労農党の中央委員にもなって居るくせに、あの階級的な行動を傷つける陳述は、彼は弾圧を恐れて、無産階級を裏切ったのだ。小野は其の声を幾回も自己の心の内に聞いた、これは恐ろしい声であった。彼の心は掻き乱された。長い間醸成されて居た神経衰弱が遂に来た。」（同上書、八二～八三頁）

共産党、共産主義への裏切り、家族への熱い思い、日本人としての自覚など、小林のこころは乱れに乱れた。眠れぬ日が続き、神経が侵され、次第に彼の精神も肉体も衰弱していった。自分の生命を断つことか、あるいは発狂の道に行くかがこの現実から解放されることだとの結論に達し、小林はついに自殺を決意したのである。

「小野はこのまゝで行けば死か、狂か二つの道しか歩めない。こんなに心が混乱してゐる様では、このまゝ行けば発狂するだらう。否もう発狂してゐるのかも知れぬ。確に脳の一部がどうかなってゐるに相違ない。こうして毎日死の様な苦しみをしてゐることは、却って大なる苦痛だ。小野は生存と云ふものを苦痛と感ずる時に、其処に行くべき道は最後の手段！それは自決であると思った。」（同上書、八八～八九頁）

「転向」への決意

肉親への愛と共産党への忠誠の板ばさみのなかで小林の苦悩は巨大なものにな

ってしまったのである。

この絶望状態の小林を救ってくれたのは、藤井恵照という教誨師であった。藤井の宗教的指導によって、小林のこころには新たな生命が生れたのである。彼はここで転向を決意する。

死を決意するまで自分を追い込んでいた小林は、この藤井の説教により、それまで抱いていた彼の自負心をきれいに捨て、無力、無能、無功の自分をむきだしにしたのである。

真か偽か、幸か不幸か、権利か義務か、などと、能力の無い自分がそのような判別に加わる資格など皆無であるという自覚に到達した。小林はここで徹頭徹尾自我を捨てた。無能を知り、罪を自覚し、共産主義に決別し、絶対者に自分のすべてを委ねる道を歩むことになった。

小林は、教誨師である藤井が如来の顕現であるかのように思えたという。

石堂清倫は、この時の小林の心境について次のようなものだったろうと説明している。

「小林が獄中で、死をもってこれまでの共産主義思想と訣別をはかり、一転して親鸞により回心をとげた。それは刑務所当局の心証をよくしたり、刑の軽減を期待しての策略ではない。罪ふかい己れが絶対者である弥陀によって救われたという信念に達したからであらう。」(石堂清倫『異端の視点――変革と人間と』勁草書房、昭和六十二年、三一七―三一八頁)

マルクス主義、共産主義に基づく運動が、真の指導者のやることであり、真理の追求者であるといった自負心が崩れ、すべてを如来に委ねるところに小林は到達したのであるが、これは論理的整合性や理屈の世界からの脱却を意味していた。出獄してからの小林の動きに注目してみたい。この動きに小林独得のものがあるように思う。苦悩の道を耐えぬいてきた小林は、単に共産党を脱するという消極的姿勢ではなく、転向という政治的判断を、もっと積極的なものに持ってゆくことに精神を集中したのである。他人に転向を勧めたり、転向した人々の生活を援助したりということをやってのけた。

国家権力の弾圧に屈し、獄中で転向し、その直後から体制擁護派の人間として活動するというこの小林の行動は、無節操と呼ばれても仕方ないところもあろう。しかし、そういうかたちで彼を断罪しても、小林を思想的に扱ったことにはならない。

小林は昭和六年十二月に仮釈放になる。教誨師の藤井が赤飯の用意をしてくれた。

その後、彼は帝国更新会というところで活動することになる。権力の常套手段であるが、アメとムチ対策を転向者に対しても行うようになる。次第にアメの部分が拡大される。つまり保護事業の重視である。この流れのなかで先駆的役割を果したのが帝国更新会である。荻野富士夫はこう説明している。

「こうした認識をもった司法官僚は、まず個人の資格で思想犯保護団体の創設と育成にあたる。その先駆は、東京地裁検事正の宮城長五郎の主宰する帝国更新会（市ヶ谷刑務所教務主任の藤井恵照が常務理事）で、三一年末に仮釈放された小林杜人《もりと》を専従に、多数の『転向』者を受け入れ、三四年末には思想部を独立させた。」（荻野富士夫『思想検事』岩波書店、平成十二年、六八頁）

転向者小林の生き方の大きな特徴は、共産党を脱し、共産主義を捨てたということではなく、転向というものを積極的に考え、積極的に行動していることである。転向は敗北ではなく、新天地を求めての覚醒であり、新生であり、発展であり、前進であり、宗教的な意味が強いという。小林は転向について次のようにのべている。

「私は、先づ転向と云ふ言葉《ことば》の定義について考へて見たいのである。転向《てんかう》とは『向を転ずることである』と云ひ得るであらう。其処で、共産主義者《きょうさんしゅぎしゃ》の場合は、共産主義者としての人生観なり、政治的意見《せいじてきいけん》なりを変更したものと云ふことが出来《でき》るであらう。けれども私は、寧《むし》ろそれよりも、真の意味の転向とは、単に向を変《か》へたと云ふ様な生易しいものではなしに、それは宗教的《しうけうてき》な意味《いみ》で云ふ再生とか、新生とか転生とかと云ふ言葉《ことば》の方が正しいのではないだらうか。そして我々は、横《よこ》に行ったのではなしにむしろ過去の自分の批判から正しい発展《はってん》をしたのであるべきだ。否、寧ろ我々の場合の転向《てんかう》とは我々が日本国民の一員に蘇《よみがへ》ったこと、其が転向なのである。」（小林杜人編『転向者の思想と生活』大道社、昭和十年、五頁）

共産党員が転向したからといって、世間はそう簡単に彼らを受け入れたりはしない。むしろいつまでも彼らを取り巻く環境は激しく冷たい嵐に覆われている。そういう状況下にあって、小林は転向者はもちろんのこと、転向しない人たちにも転向を勧め、本人および家族の就職まで世話をするということをやってのけたのである。

権力の犬、裏切者、卑怯者などと冷たい視線を投げかけられながらも、小林は黙々と彼らのために全力を尽した。陰口をたたきながらも、多くの人が小林の世話になった。

石堂清倫は小林のこの菩薩的行為を次のように評している。

「小林の最大の活動は、治安維持法によって検挙された人びとへの援助である。司法当局の信頼の厚かった小林のとりなしで起訴猶予されたり、保釈出獄をはやめてもらった人はたくさんある。宿泊の世話から、就職の斡旋になると、何千という数に上るのである。一時の『方便』として彼を利用した人もけっして少なくないが、彼によって『救われ』た人も多いのである。一時期共産党本部員のなかにも小林の『世話』をうけた人がかなりいた。……

（略）……ところが、その人びとのうちには小林を司法当局の手先として、共産主義者を迫害したと悪しざまに批評する人がいる。」（石堂清倫、前掲書、三二一頁）

小林はかつての経験を礎にしながら、人々の日常に降りていった。降り切れなくてもいい。裏切られてもいい。嘲笑の的になってもいい。尽くしても尽くしても背後から飛礫を食らうこともあった。彼の行為はまさしく玉砕的であった。この行為をためらうことなく実行できたのは、教誨師藤井の力であった。自分の力の無さを悟り、他を責めることのむなしさを悟ったのである。

主要参考・引用文献

吉本隆明『吉本隆明著作集』(13)勁草書房、昭和四十四年

磯田光一『比較転向論序説――ロマン主義の精神構造』勁草書房、昭和三十四年

石堂清倫『異端の視点――変革と人間と』勁草書房、昭和六十二年

鍋山歌子編『鍋山貞親著作集』(下巻)、発行――星企画出版、発売――古川書店、平成元年

橋川文三『歴史と体験――近代日本精神史覚書』春秋社、昭和三十九年

小林杜人『「転向期」のひとびと』新時代社、昭和六十二年

小野陽一(小林杜人)『共産党を脱する迄』大道社、昭和七年

小林杜人編『転向者の思想と生活』大道社、昭和十年

久野収・鶴見俊輔『現代日本の思想――その五つの渦』岩波書店、昭和三十一年

柳田国男『定本・柳田国男集』第二十四巻、筑摩書房、昭和三十八年

荻野富士夫『思想検事』岩波書店、平成十二年

坂本多加雄『知識人――大正・昭和精神史断章』読売新聞社、平成八年

本多秋五『増補・転向文学』未来社、昭和三十九年

思想の科学研究会編『転向』(上・中・下)平凡社、昭和三十四年―昭和三十七年

初出一覧

1．島尾敏雄の故郷観とヤポネシア論『日本文化の中心と周縁』近畿大学日本文化研究所編、風媒社、平成二十三年

2．岡本太郎と縄文の世界『日本文化の攻と守』近畿大学日本文化研究所編、風媒社、平成二十三年

3．橋川文三私見『日本文化の明と暗』近畿大学日本文化研究所編、風媒社、平成二十六年

4．深沢七郎のこと（原題は「断片的深沢七郎論」）『翰苑』第二号、近大姫路大学人文学・人権教育研究所編、海風社、平成二十六年十一月

5．断片的赤松啓介論『自然に向かう眼』近畿大学日本文化研究所編、風媒社、平成二十七年（大幅修正）

6．東井義雄の思想『危機における共同性』近畿大学日本文化研究所編、風媒社、平成二十四年

7．小林杜人と転向『農の思想と日本近代』風媒社、平成十六年（大幅修正）

あとがき

中央の権力から一度でも批判、攻撃、排除された人間は、よほどのことがないかぎり再び中央には戻れない。それでも、この腐った汚泥に呑み込まれても、そこで生きるというなら、それもよかろう。しかし、この権力によって構築されている現実世界で、諸々の矛盾に巻き込まれながら、生きることには、並外れた覚悟と勇気が要ることだけは確かである。

どうにもならぬ現実に反旗をひるがえし、抗がって生きるとき、人は思想を創造することがある。現実に抗うという意味は、権力に抗うことだけを意味しているのではない。現実世界にどっぷりと漬っている多くの大衆にも抗うことをも意味している場合があるということを忘れてはなるまい。

権力からも見放され、大衆からも見放されて生きるところにいわゆる草莽というものの存在理由がある。孤独を恐れたり、死を恐れて草莽のよって立つところはない。彼らは、はじめからずるがしこく、要領よく、詭弁を弄して生きることはできない。

草莽は晴耕雨読の生活を日常としてはいるが、いつなんどき、黒々とした巨大なものが彼らを襲うかもしれない。その時、草叢にいても草莽は志を抱いて自分の全精力傾けてふるい立たねばならないのである。

どうせこの世で地を這い、口に入るものはなんでも入れてきたのである。いま、ここで死を恐れてどうする。志が高ければ高いほど、その覚悟はできているはずだ。

こういう草莽に対しても、権力は攻撃の手をゆるめることはない。自分に逆らう人間は、すべてが異端であり、鬼なのだ。彼らは邪道を歩み、闇に通じる道を常に選択し、誤った仕事をしていると断定する。

昼や光が夜や闇を支配することをもって正義とする権力は、自分たちとその従属下にある者だけを正義人と称し、それ以外の者を悪徳の人、鬼、異端者と呼ぶ。そこにはいささかの妥協もない。

草莽の志は、支配権力の能力を超えたところにある。正しい歩きぶりをすればするほど、権力が作為した世間の道徳や倫理と衝突する。支配者が勝ち、正しい歩きぶりをしている異端者は、もはや死ぬまで元に戻ることはない。
宮中の年中行事の一つに、大晦日の夜、鬼を追放し、疫病を蹴散らすという「追儺」というものがある。これは、のちに、一般大衆の世界にも拡大し、節分のセレモニーとなった。この「追儺」について、次のような説明がある。

「追儺は元々が中国の行事であったが、奇妙なことに『儺』の字義には、『疫鬼』もなければ『悪鬼』もない。『節度正しく歩む』が『儺』の持つ本来の意味である。追儺は疫鬼を追い出すためではなく、節度正しく歩む者を排除するのが、行事の真相であったのかもしれない。……（略）……このように眺めると、悪いヤツに擬される鬼は、実は節度正しく行なう姿勢を崩さなかったために、滅ぼされた神であったのではないかと考えることができる。」（沢史生『閉ざされた神々』彩流社、昭和五十九年、二八三頁）

この説明によれば、正義は鬼、もっぱら鬼の側にあるのであって、正しき歩きぶりを示す鬼が権力にとっては、邪魔であり、恐怖なのである。悪行をもって日常としている権力者にとって、正義ほど怖いものはない。常に鬼を製造し、退治して心を癒している。次々と製造される鬼は強力な鬼ではない。豆つぶてをくらって逃げだす程度のものである。反権力を赤裸々に見せる鬼も恐怖の対象とはならない。

いつの世もそうであるが、勝者、支配者の傲慢さと偽善がすべてを覆いつくしている。国家の細胞の一つ一つが、そのための道徳になり、倫理になり、規矩となっている。

そのようなものが網の目のように張りめぐらされた空間のなかで、弱者、貧者は常に呻吟している。そのなかでの悲痛な叫びを吸引し、思想にまで高めなければならないのであるが、思想を表現する言葉そのものが支配者のものであるところに隘路がある。

異端の思想の創造の困難さの一つはそこにある。草莽の発言の難しさもそこにある。

国民国家形成のために、国民全体の共通語、つまり標準語は不可欠のものである。その枠内に入らぬものは、異端の言語、裏の言語つまり、方言として放擲されてきた。

それぞれの地域で、それぞれの時代に生れ育ったものは、それぞれ固有の特徴をもち、それぞれの文化を形成してきた。しかし、それらは次第に中央権力の規準によって、かき消されていった。

極論すれば、そのような雰囲気のなかで、学問が、芸術が、スポーツが展開され、思想もその枠内でつくられてゆく。このような包囲網のなかで、裏や斜めの思想を紡ぎ、それを携えて歩むことは、尋常なことではない。

あらゆる支配圏から排除されても生きる強力な鬼が出現するその姿を私たちは待つ以外にないのか。

地を這い、草を食み、泥水を呑んでも、その志は高く、孤高を持していなければならないことがわかっている人を待つしかないのか。

そのような人がこの日本列島にも、奇跡にちかい数で存在することがあった。私はその人たちから多くのことを学んだし、これからも学ぶであろう。

最後になったが、このような出版事情の時に、上梓の機会を与えていただいた海風社の作井文子氏に深甚なる謝意を表しておきたい。

平成二十七年十一月十四日

綱澤 満昭

【著者略歴】
綱澤 満昭（つなざわ みつあき）

1941 年　満州（中国東北部）に生まれる
1965 年　明治大学大学院修士課程修了
　　　　専攻は近代日本政治思想史
現　在　姫路大学学長
　　　　近畿大学名誉教授

主要著書　『日本の農本主義』（紀伊國屋書店）
『農本主義と天皇制』（イザラ書房）
『未完の主題』（雁思社）
『柳田国男讃歌への疑念』（風媒社）
『日本近代思想の相貌』（晃洋書房）
『鬼の思想』（風媒社）
『愚者の精神史きれぎれ』（海風社）
『思想としての道徳・修養』（海風社）
『宮沢賢治の声―啜り泣きと狂気―』（海風社）　など。

異端と孤魂の思想
―近代思想ひとつの潮流―

二〇一六年五月四日　初版発行

著　者　綱澤満昭
発行者　作井文子
発行所　株式会社 海風社
〒550-0011 大阪市西区阿波座一―九―九
阿波座パークビル701
TEL　〇六―六五四一―一八〇七
振　替　〇〇九一〇―二―三〇〇〇六
印刷・製本　モリモト印刷 株式会社

ISBN 978-4-87616-039-6 C0030
装　幀　ツ・デイ

思想

愚者の精神史きれぎれ
農本主義から柳田国男、宮沢賢治、そして鬼

綱澤 満昭 著

978-4-87616-014-3 C0039

かつて「柳田学批判」への転向を恐れることなくやってのけた著者綱澤満昭が自らの「日本の近代思想史研究」の道のりを振り返るとき、自在に語られる農本主義から柳田国男、宮沢賢治、そして鬼論。必然のつながりが鮮やかに浮かび上がる。

B6判／一九六頁　定価（本体一九〇〇＋税）円

思想

思想としての道徳・修養

綱澤 満昭 著

978-4-87616-022-8 C0037

道徳なき時代といわれる現代。本書は「道徳・修養」を懐古的に礼賛するものではなく、位置した時代によって変質した道徳・修養というものの本質を衝く。道徳の教科化がいわれているいま、ぜひ読んでほしい書。

B6判／二六四頁　定価（本体一九〇〇＋税）円

思想

宮沢賢治の声
～啜り泣きと狂気

綱澤 満昭 著

978-4-87616-033-4 C0036

父との確執、貧農への献身と性の拒絶……。その宮沢賢治の短い生涯をたどりながら、彼の童話の原点を近代日本が失った思想として読み解く。賢治よ、現代人を、縄文に回帰させせよ。

B6判／二一六頁　定価（本体一九〇〇＋税）円

民俗

唄者　武下和平のシマ唄語り

著者 武下 和平／聞き手 清 眞人

南島叢書96

978-4-87616-029-7 C0339

元ちとせ、中孝介らのルーツをたどればこの人に行き着くという、奄美民謡（シマ唄）の第一人者 武下和平による初のシマ唄解説書。話題は奄美の歴史・文化・風習にも及ぶ。録り下ろしCD（61分）付き！

A5判／二〇八頁　定価（本体二〇〇〇＋税）円

料理

総カラー

こころとからだ
奄美　再生のレシピ

田町 まさよ 著

南島叢書97

978-4-87616-036-5 C0377

重度のアトピーを八年かけて奄美の自然と食、人に助けられて自然に癒し、心身共に再生した著者自身の経験をもとに、奄美の豊かな自然と人、料理と食べ物について綴ったエッセイと料理レシピ。島の野菜や果物を使った一皿、伝統食、野草の酵素ジュース…など、約一〇〇品を掲載。

A5判／一〇四頁　定価（本体一四〇〇＋税）円